人口急減社会で何が起きるのか

シンポジウム

―― メディア報道の在り方を考える ――

公益財団法人 新聞通信調査会 編

公益財団法人 新聞通信調査会 シンポジウム

人口急減社会で何が起きるのか
―― メディア報道の在り方を考える ――

河合雅司・産経新聞社論説委員による基調講演の模様＝2018年6月28日、東京・内幸町のプレスセンターホール

パネルディスカッションの模様。(左から)松本真由美、上林千恵子、岩本晃一、水無田気流、諏訪雄三の各氏

第1部　基調講演

未来の年表
―人口減少日本で起きること

河合雅司　かわい・まさし

ジャーナリスト（産経新聞社論説委員、高知大学客員教授）

1963年名古屋市生まれ。中央大学卒。現在、大正大学客員教授、内閣府有識者会議委員、厚労省検討会委員、農水省第三者委員会委員を務める。内閣官房有識者会議委員、拓殖大学客員教授など歴任。2014年「ファイザー医学記事賞」大賞を受賞。主な著作にベストセラーとなった『未来の年表』（講談社）、『未来の呪縛』（中央公論新社）、『日本の少子化 百年の迷走』（新潮社）、『地方消滅と東京老化』（共著、ビジネス社）、『未来の年表2』（講談社）。

第2部 パネルディスカッション

人口急減社会で何が起きるのか
―メディア報道の在り方を考える―

パネリスト

法政大学社会学部教授

上林千恵子

かみばやし・ちえこ

1949年東京都生まれ。一橋大学社会学部卒、東京大学大学院社会学研究科博士課程修了。東京都立労働研究所非常勤研究員、江戸川大学社会学部専任講師などを経て現職。英ケンブリッジ大学クレアホール客員研究員（2001〜02）。専門は産業社会学。外国人労働と移民政策、高齢者・女性雇用などをテーマに研究を進める。著書に『外国人労働者受け入れと日本社会』（東京大学出版会、2015年）など。

パネリスト

岩本晃一 いわもと・こういち

経済産業研究所上席研究員（特任）／日本生産性本部上席研究員

1958年香川県生まれ。京都大学卒、京都大学大学院（電子工学）修了後、通商産業省入省、2017年4月から現職。現在、第4次産業革命時代のICT、IoT、AI等デジタルビジネスに関する研究等を行っている。14年から一橋大学国際企業戦略研究科（ICS）のMBAプログラムにてゲスト講師。著書に『インダストリー4.0』（日刊工業新聞社）、『ビジネスパーソンのための人工知能』（共著、東洋経済新報社）、『中小企業がIoTをやってみた』（共著、日刊工業新聞社）。

水無田気流

詩人・社会学者

みなした・きりう

1970年神奈川県生まれ。早稲田大学大学院社会科学研究科博士後期課程単位取得満期退学。日本大学経済学部非常勤講師、立教大学社会学部兼任講師などを経て、2016年4月より国学院大学経済学部教授。専門は文化社会学、家族社会学、ジェンダー論、社会言語学。詩集に中原中也賞受賞の『音速平和』(思潮社)、著書に『無頼化した女たち』(亜紀書房)、『シングルマザーの貧困』(光文社)、『「居場所」のない男、「時間」がない女』(日本経済新聞出版社)など。

パネリスト

諏訪雄三
すわ・ゆうぞう

共同通信社編集委員兼論説委員

1962年兵庫県生まれ、上智大学卒。84年、共同通信入社。札幌支社、大阪支社などを経て本社内政部（現地域報道部）で国土交通省、環境省、内閣府などをカバー。2011年から現職。担当は地方活性化、地域経営、環境、防災の各課題。主な著書に『アメリカは環境に優しいのか』『日本は環境に優しいのか』『公共事業を考える』『道路公団民営化を嗤う』『地方創生を考える』（いずれも新評論）、『地球温暖化ハンドブック』（第一法規）がある。

コーディネーター

松本真由美
東京大学教養学部客員准教授

まつもと・まゆみ

熊本県出身。上智大学外国語学部卒業。大学在学中にテレビ朝日の報道番組のキャスターになったのをきっかけに、報道番組のキャスター、リポーター、ディレクターとして幅広く取材活動を行う。2008年より東京大学における研究、教育活動に携わる。東京大学での活動の一方、講演、シンポジウム、執筆など幅広く活動する。

基調講演を聴くパネリストら

パネルディスカッションを終えたパネリストら

受け付けの模様

司会を務めたフリーアナウンサーの戸丸彰子氏

会場のプレスセンター

シンポジウム

人口急減社会で何が起きるのか
――メディア報道の在り方を考える――

公益財団法人 新聞通信調査会

シンポジウム
人口急減社会で何が起きるのか
―メディア報道の在り方を考える―

主催者あいさつ

公益財団法人 新聞通信調査会
理事長 西沢 豊

　皆さま、こんにちは。新聞通信調査会理事長の西沢でございます。「人口急減社会で何が起きるのか―メディア報道の在り方を考える―」と題しましてシンポジウムを企画しましたところ、本当に大勢の皆さまにご来場賜りまして、誠にありがとうございます。
　4年ほど前、日本創成会議の増田寛也さんが「消滅可能性都市」というショッキングなタイトルのリポートを発表して大きな話題になりました。

人口減少によって、2040年には全国に約1800ある市町村のうち約半数が消滅するという内容でした。これを受けて、政府も「地方創生」をキャッチフレーズに、地方の人口減少に歯止めをかけるための対策に打って出ましたが、最近では熱が冷めてしまっているのが現状ではないかと思います。

今日、基調講演をいただく産経新聞社論説委員の河合雅司さんはベストセラーになった『未来の年表』の中で、人口減少に対する政治家の認識不足を強く批判しておられます。河合さんは人口減少を「静かなる有事」と捉え、国をつくり替えるくらいの気構えで対策を立てる必要性を指摘しており、私も大変興味深く拝読いたしました。現在はその第2弾が出版されております。

人口推計というのは、未来予測の中でも一番確度の高い予測と言われています。にもかかわらず、有効な対策がなかなか打ち出せないのはなぜなのか。一つには、「自分が生きているうちは関係ない」とか「自分は逃げ切り世代だ」といった認識があるためではないかと思います。しかし、いろいろなところに「不都合な事実」が出始めており、メディアとしても100年先を見据えて対策を考え、報道していくべきテーマではないかと思っております。

今日は河合さんに「未来の年表―人口減少日本で起きること」と題して基調講演をいただき、これを受けて外国人労働と移民政策などを専門とする上林千恵子・法政大学教授、人工知能（ＡＩ）などデジタルビジネスを研究する岩本晃一・経済産業研究所上席研究員、家族社会学やジェンダー論などが専門で詩人の水無田気流・国学院大学教授、そして地域活性化などを取材している共同通信社の諏訪雄三・編集委員兼論説委員など、多彩な顔触れのパネリストに議論いただきます。最後までお聞きいただき、人口減少社会への認識を深める一助になれば幸いでございます。

最後に河合様をはじめ、パネリストの皆さまには大変ご多忙の中、シンポジウムにご参加いただきました。この場をお借りし厚くお礼申し上げ、開会に当たっての主催者あいさつと致します。ありがとうございました。

目次

シンポジウム
人口急減社会で何が起きるのか─メディア報道の在り方を考える─

主催者あいさつ ………………………………………………………………… 3
公益財団法人 新聞通信調査会 理事長　西沢 豊

シンポジウム開催概要 …………………………………………………………… 7

第1部　基調講演

未来の年表
─人口減少日本で起きること

河合雅司　ジャーナリスト（産経新聞社論説委員、高知大学客員教授）

極めて特異な時代の入り口へ ……………………………………………… 11
外れない未来 ………………………………………………………………… 13
子どもを産める女性の数が減っていく …………………………………… 15
うそ八百を言うのをやめてくれ …………………………………………… 17
劇的に増えていく高齢者をどうするか …………………………………… 18
地域によって異なる高齢化の進み具合 …………………………………… 19
高齢社会の4大特徴 ………………………………………………………… 23
どういう高齢者社会がやってくるのか …………………………………… 24
効率的な社会を維持できるのか …………………………………………… 26
見えづらい2042年問題 ……………………………………………………… 27
2024年問題 …………………………………………………………………… 29
働き手不足にどう対応していくか ………………………………………… 30
二つの人口減少 ……………………………………………………………… 33
人口動態は情け容赦なく進んでいく ……………………………………… 34
戦略的に縮む ………………………………………………………………… 35
公的な社会づくりのために拠点化を ……………………………………… 37
これまでのメディアのやり方は通用しない ……………………………… 39
質疑応答 ……………………………………………………………………… 40

第2部 パネルディスカッション

人口急減社会で何が起きるのか
― メディア報道の在り方を考える ―

パネリスト

上林千恵子 法政大学社会学部教授
岩本晃一 経済産業研究所上席研究員(特任)／日本生産性本部上席研究員
水無田気流 詩人・社会学者
諏訪雄三 共同通信社編集委員兼論説委員

コーディネーター

松本真由美 東京大学教養学部客員准教授

外国人労働者の現状と課題	48
増えているのは「永住者」	53
不法就労者を増加させないためにはどうしたらいいか	55
移民受け入れとエスニシティー文化が大きな課題	57
AIと人口急減社会	59
フレイ&オズボーンの推計	61
日本はまだルーティン業務を人が担っている	65
デジタル技術導入で雇用が増えている	71
人材育成の動向	73
AI時代に備えた対応策	75
「日本の結婚」の現状と課題	81
日本の結婚はガラパゴス	83
「一生結婚するつもりはない」	87
先進国で最も働きバチなのが日本のワーキングマザー	89
完璧なライフコース	93
日本女性超人化計画	93
男性の意識改革こそが必要	95
この国に時間は残っていない	97
サービスの「提供」から「保障」へ	99
高齢者の移動に伴う負担は国の負担で	103
自己負担額100万円ですが更新しますか?	105

自分たちで地域に働き掛ける …………………………………… 107
　　人口急減社会で何が起きるのか …………………………………… 111
　　誰も責任を取らない習性になってしまった ……………………… 113
　　質的な豊かさを求められる社会に ………………………………… 115
　　テクノロジーよりも一歩先を進む ………………………………… 117
　　メディア報道はどうあるべきか …………………………………… 119
　　小さくても輝く国になるために …………………………………… 121

編集後記
小さくとも輝く豊かな国へ ………………………………………………… 125
　　倉沢章夫　新聞通信調査会編集長

公益財団法人 新聞通信調査会概要 …………………………………………… 127
新聞通信調査会　出版本 ……………………………………………………… 130

シンポジウム開催概要
　題名　人口急減社会で何が起きるのか──メディア報道の在り方を考える──
　主催　公益財団法人 新聞通信調査会
　会場　プレスセンターホール（日本プレスセンタービル10階）
　　　　東京都千代田区内幸町2─2─1
　日時　2018年6月28日　13:30～17:00（13時受け付け開始）
　内容　第1部　基調講演　13:35～14:45
　　　　第2部　パネルディスカッション　15:00～17:00

【裏表紙の写真】
シャッターが閉まった店が並ぶ長崎県五島市の商店街＝2017年10月11日（共同）

| 第 1 部 |

基調講演

未来の年表
人口減少日本で起きること

河合雅司
ジャーナリスト（産経新聞社論説委員、高知大学客員教授）

未来の年表
人口減少日本で起きること

河合雅司
ジャーナリスト（産経新聞社論説委員、高知大学客員教授）

河合雅司氏

極めて特異な時代の入り口へ

　皆さま、こんにちは。ご紹介にあずかりました河合です。よろしくお願いします。既に司会の方、また西沢（豊）理事長からも少し紹介がありましたが、われわれが生きている時代というのは、日本の長い歴史の中で、極めて特異な時代の入り口の辺りだと思っています。本日はいろんな人口の話をしますが、一言で言って、ここから先、劇的にこの国は変わっていく。「おまえは予言者か」と、こ

第1部　基調講演

の本(『未来の年表―人口減少日本でこれから起きること』　講談社現代新書)を出してからよく言われるようになりましたが、間違いなく、ここから先は、今まで経験していないようなことがいっぱい起きてくる時期にあるわけです。

　ところが——私も皆さまと同じメディアの側にいるわけですが——メディアも政治家も官僚も経済界も、この問題に対して極めて愚鈍で、無駄な20年30年を過ごしてしまったと自省を込めて見ています。何でこういうことになってしまったのか。先ほど西沢理事長からもお話がありましたが、やはり自分の身近なところに変化がないので「まあ何とかなる」と思ってしまうわけです。確かに、今日の続きとして明日はやってくる。しかし、ここから先の時代は今日の続きに1年後があるのかというと、ちょっと疑わしくなってきています。5年後にはかなり違ってきている。10年後。われわれが想像している10年後と、10年先に立ったときに見える風景は全然違ってしまっているわけです。ところが、日々の変化が小さいが故に、この問題に対応できないのです。

　何となく「少子高齢問題」というのは大変な問題で、これは捨て置けないと感じながらも危機感を共有できない。共有できないから、私の講演や、講演後に繰り広げられるパネルディスカッションの議論を聞いても「大変だな」と感じるとは思うのですが、この会場を出た途端に「夕飯に何を食べようか」という話になってしまいます。それが人間というものです。

　ですが、もうこの問題を傍観することは許されなくなってきています。ぜひとも、この先何が起こるのか恐れず正しく理解し、どういう対策を取っていけばいいのかを考えてください。メディアが果たす役割はものすごく大きい。メディアが立場を超えて、一人一人がやれることは何かを探すことが、すごく重要な時期に来ています。この豊かな日本を次の世代にきちんと受け渡していくためにも、今日をぜひとも皆さまが発信する側に回る機会にしていただければと思います。それでは話を進めてまいります。

外れない未来

　まず前半、今がどういう状況にあるのかというところから話を進めていきます。後半はこの現状について、われわれは何を考えるべきなのか、何ができるのか、

何をしなければいけないのか、ということをお話ししていきたいと思います。

　まず現状の数字です（図：2017年の人口動態、12ページ下）。毎年、厚生労働省が発表しています。6月に、ほぼ確定値に近い数字が出てきまして、いろんな数字が並んでいます。私はこれを毎年追い掛けているわけですが、どんどん変わるので暗記することもない数字なのですが、見ていただきたいのは、横にある丸かっこ内に私が書いたところです。「最低」とか「最大」とか書いてあります。すなわち「各項目で一番悪いですよ」と書いてあるわけですが、これがここ十数年取れない状況が続いている。

　一番上に「年間出生数」とあります。皆さんご存じだと思いますが、この前の年2016年に初めて100万人を割り、2年連続で100万人を割る状況になっている。100万人も生まれていないのに、わずか1年間で3万人も減っている。スピードも速まってきている状況です。後ほど紹介しますが、団塊の世代は270万人生まれていますので、戦後70年間でわれわれは子どもの数を3分の1にしてしまったということです。

　一方、上から三つ目にある「死亡数」。高齢社会の次は「多死社会」がやってくるわけですが、既に（年間の死亡数が）130万人を超えてきていて、差し引きすると40万人ぐらいの人口がこの国から減っている。40万人というと県庁所在地の岐阜市とかの規模ですが、それが国内のマーケットから減ってしまった。これが50年代になると毎年95万人ぐらい減っていく。毎年、仙台市とか和歌山県くらいの規模の人口がマーケットから減っていくわけです。私が勤めている新聞社のように国内向けのビジネスでは「これは大変だ」ということになるわけです。

　国内の人が減るということは、産業も成り立たなくなる。しかもこの先、状況が好転することはあまりない。人口というのは外れない未来です。当たり前ですが、今年生まれた赤ちゃんは5年後に5歳の子どもになる。「人生100年」といわれる時代になって、これ以上さすがに寿命は大きくは延びないだろうと考えますと、「何年生まれの人は何年後に何万人いる」のか大体分かるわけです。唯一変数があるとするならば、生まれてくる子どもの数です。出生数だけはまだ決まったわけではない。すごいベビーブームが来ないとは言い切れないわけです。でも日本の場合、残念ながらこの変数であるはずの出生数まで減ることが既に決まってしまっています。ここがこの国の一番の危機なのです。

未来の年表―人口減少日本で起きること

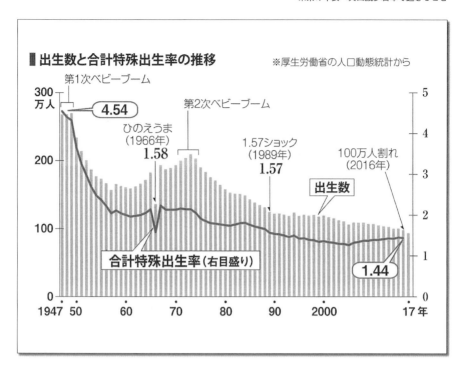

子どもを産める女性の数が減っていく

　それはどういうことなのか、をご説明したいと思います。グラフ「出生数と合計特殊出生率の推移」（上図）の左側の一番高いところが団塊世代、戦後のベビーブーマーでして、1949年に269万人が生まれているのをピークにずっと下がっています。途中、一つだけ小さな山がありまして「団塊ジュニア世代」といわれています。その後は下り坂で平たんなところがない。要するに過去の少子化の影響で、変数であるはずの出生数まで減ってしまうことが決まっているわけです。
　「少子化」とは、子どもが少なくなることですが、私の目から見ると「子どもを産める女の人の数が減っていく」ことです。20年前の女の赤ちゃんは今20歳の女性、30年前の女の赤ちゃんは今30歳の女性ですが、この数を今から増やせるわけがなく、年間出生数の下り坂のツケをこれからわれわれは払っていくという状況です。
　「出産年齢の女性数」（16ページ上）は国立社会保障・人口問題研究所（社人

15

出産年齢の女性数

出産期にある25歳～39歳の女性数

- 2015年　1087万人　（100％）
- 2040年　814万人　（75％）
- 2065年　612万人　（56％）

→ 今後、出生数の大幅回復は望み薄

出生率上昇も出生数は減少

	出生率	年間出生数
2017	1・43	94万6060人
2005	1・26	106万2530人
1996	1・43	120万6555人

研)の数字です。「年間出生数の下り坂のツケを払っていく」ことが、どういうことかを示すために、25歳から39歳の女性の数を調べてみました。高齢出産が可能になってきて40代後半から50歳近くでも産んでおられる方はいますが、赤ちゃんを産んでおられる女性は、ほぼ8割この年齢です。この数がどういうふうに変化していくかを見ていきます。国勢調査があった2015年を仮に100とした場合、25年後の40年には4分の3になる。50年過ぎると、大ざっぱに言って半減してしまうということです。

　厳密には正しくはないのですが、分かりやすく説明するためにいつも出している例を申し上げます。分母を「赤ちゃんを産める女性の数」として、分子が生まれてくる子どもの数と考えてみると今の100万人くらいの出生数を維持しようとすると、分母のお母さんの数が半分になるならば、1人のお母さんが現在の倍の子どもを生まないと「生まれてくる子どもの数」は100万人にならないということです。

　今の年間出生数は100万人弱ですが、第1子、第2子、第3子がどのくらい生まれているのかを調べますと、大ざっぱに100万人の約半分が第1子で50万人くらい。35％の35万人くらいが第2子、15％くらいが第3子以上です。この動態が続くとするなら、60年代、70年代には全体の半分の夫婦・カップルで2人の子持ちにならなければならない。第2子の倍だから30％、40％くらい（の夫婦・カップル）が4人の子持ち。第3子以上が15％だから、6、7組に1組の夫婦・カップルは3人以上の倍の6人以上の子どもを持っていなければならないわけです。100万人の年間出生数を維持するとは、これが実現するのかという話です。

　6人のお子さんがいる夫婦・カップルが今、どれくらいいるのか把握していませんが、珍しい存在としてメディアに登場するくらいの状況だと思います。今ですら、ほとんど子どもが持てない状況の中で、60年代にそんな多産社会に戻るのかというと、なかなか難しいと思います。

うそ八百を言うのをやめてくれ

　残念ながら日本の出生数は当面、減り続けます。何百年も先か分かりませんが、少なくとも数十年の単位、100年近くの単位で、ずっと少子化が続きます。われ

われが生きている間、この会場にいる皆さんが棺おけに入るまでの間、この国は少子化で人口が減っていくのです。「人口減少を止めます」「少子化を止めます」なんて政治家は言いますが、「うそ八百を言うのをやめてくれ」と私は言っています。もはや、人口が減っていく、子どもの数も減っていくことを前提にして、どうやってこの国を豊かなままにしていけるのか、その方策を考える時期に来ているのです。

あまりうれしくない証拠ですが、この先、いかに少子化が進むのか一番分かりやすいのがこの図（「出生率上昇も出生数は減少」、16ページ下）です。真ん中にある2005年は戦後、合計特殊出生率が1.26となって最も低かった年です。この時メディアはそれなりに大きく報道しました。直近の17年には（出生率が）1.43まで上がっていますが、政府は少子化対策がようやく成果を上げてきたと一生懸命、苦し紛れに説明しております。でも、年間出生数を見れば分かるように、出生率が一番低かった年には106万人生まれ、17年には94万人しか生まれていない。同じ1.43の年についても見ておきましょう。今年大学4年生の人たちが生まれた1996年ですが、この年には120万人生まれていた。メディアはいまだに出生率ばかり気にして報道しますが、これでは実態は分からない。官僚の言うことをそのまま書き写しているメディアがいかに多いか、われわれはいかに愚鈍か、というのがこれ一つ見ても分かるわけです。

この国は人口が減っていきます。それは仕方がない。今まで、われわれは子どもをつくってこなかった。もちろん、これからもっと少子化対策は一生懸命やらなければならない。子どもを産みやすい、育てやすい社会をつくる努力もしなければいけません。気長に次の世代にも託しながら、もう一度、子どもが生まれる国にしない限りこの社会は続かない。けれども、出生数の回復には時間がかかります。その間にも人口が減り、高齢化も進んでいきます。この点を認識いただきたい。その上で話の続きをしていきたいと思います。

劇的に増えていく高齢者をどうするか

どれくらい子どもが減っていくのか。このまま何もしないでいると、ざっと100年間で3分の1、年間出生数は30万人くらいまで減るだろうといわれていま

す。ここまで先ではなく、40年後ぐらいに子どもの数が50万人になるとみられています。47都道府県で割ったなら平均して1県当たり1万人です。今、子どもの数が一番少ない鳥取県では4500人程度しか生まれていない。東京とか大阪は人口ボリュームが大きいので、出生率が低くてもそれなりの数は生まれているわけです。この地域差を考えていくと、子どもが日本で50万人しか生まれない時代になったならば、鳥取だとか高知など、今でも出生数の少ない県では大きく減ることでしょう。調べると、昨年（2017年）1年間の出生届がゼロだった自治体は三つ、10人以下の自治体が90ほどありました。まさに無子高齢化です。そういう状況になる前に「子どもが生まれる社会をどう取り戻すのか」ということに取り組まなければならない。

　少子化とは「次の時代の子どもを産む女性の数を減らしていく作業」なので、手遅れになってしまうこともある。他方、少子化問題をやりながら当面は、同時に高齢社会対策もやっていかなければいけない。ここがこの「人口減少問題」の難しいところです。一つ一つの課題の対策がバラバラで、しかもスパンも違って展開していく。これを俯瞰的に見ながら考えなければなりません。ところが、人口減少が進んでいるとなるとすぐに「子育て支援策が…」となってしまいます。だが、そういう単純な話ではないのです。先にも述べましたが、子育て対策がある程度まで成果が上がるには、子どもを産める女の人の数が増えてくるまで待たなければいけない。今取り組む作業とは、すぐには成果が上がらない子育て支援策や子育て対策、少子化対策なのです。

　一方、これから劇的に増えていく高齢者をどうするか。今日の中心テーマにもなっていくと思いますが、働き手世代が減っていく中でどういうふうにこの国を機能させていくのかを考えなければなりません。これらは直近の問題なのです。これらを全部同時にやっていかなければいけません。

地域によって異なる高齢化の進み具合

　直近の問題である高齢者対策、まずこれを考えていきたいと思います。「少子高齢化」という言葉は今では中学生でも習っていて、みんな知っている問題ですが、高齢化というのは何なのかが全く理解されていないと言ってもよい状況です。

第1部　基調講演

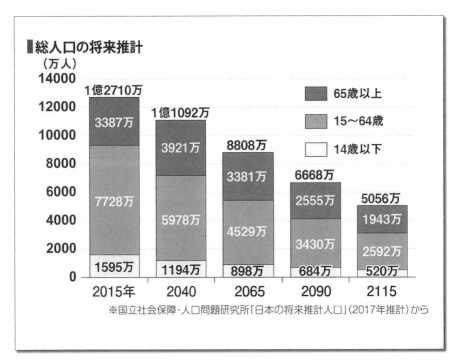

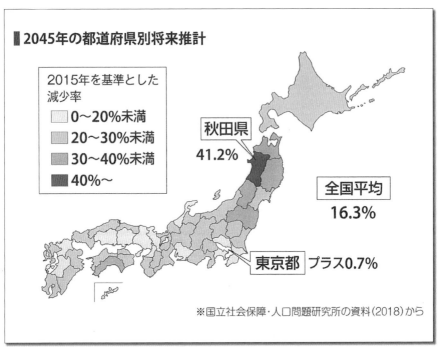

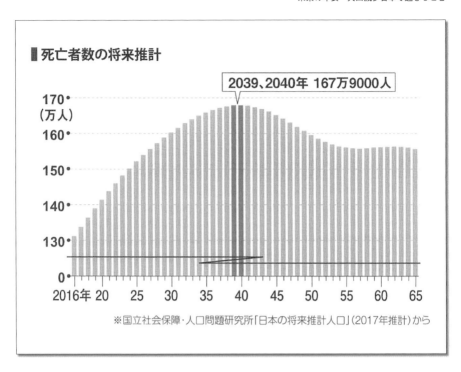

　「高齢者って誰だ」「これから増える高齢者ってどういう人たちだ」「どこに住んでいるのか」を、分析もせず、ただ「高齢社会は大変だ」と不安を感じている。高齢者の数が増えるから医療費が大変だ、介護費が大変だ、だから消費税を上げなければいけないという、ものすごく目先の判断をしているわけです。そうではなくて、この高齢社会の実態というものを知った上で、何から始めるべきか考える必要があります。

　ここからは、高齢者対策について話したいと思います。これ（図：総人口の将来推計、20ページ上）も有名な図でして、これから先、日本の総人口はずっと減っていきます。50年後には3分の2になり、100年後には今の半分くらいに減っていく。これは外国人を含んでいます。この図一枚の中でなかなかうまく表現できないのですが、2040年ごろ、厳密に言うと42年まで高齢者の数が増えて、若い人の数は減っていきます。65歳以上だけ増えています。その後は高齢者も減り、若い世代はもっと減ることになるのです。しかも、地域によって人口の減り具合と高齢化の進み具合が違うということになります。

　今年（18年）発表されました社人研の地域別推計（図：2045年の都道府県別将

第1部　基調講演

高齢社会の4大特徴

①「高齢化」する高齢者	増える80代以上
②女性高齢者が増加	半数が90歳まで
③1人暮らし増加	2040年女性の25％
④貧困層増加	「非正規雇用」の高齢化

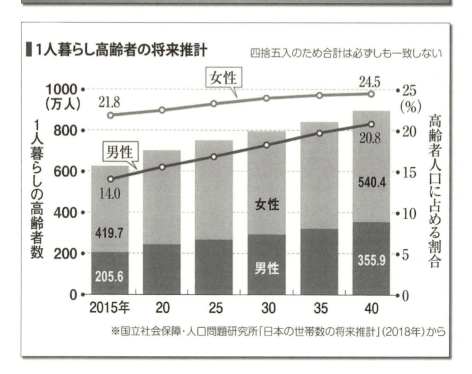

■1人暮らし高齢者の将来推計　※国立社会保障・人口問題研究所「日本の世帯数の将来推計」(2018年)から

来推計、20ページ下）を見ると、東北地方がかなり減って、東京だけが若干増えています。日本全体が減っていくのですが、ここから先の対策は地区によってかなり変えなければいけません。秋田県は40％減少し（15年の）6割くらいの規模になってしまうという推計が出て、秋田県知事もかなり焦ったようなコメントを出していました。ただ、同じ秋田県の中でも、秋田市と中山間地のような所はまた違うわけで、必要とする政策が違ってきているわけです。これまでのように、ナショナルサービスを全国くまなく展開するのは難しい状況が増えてくるので、これをどうするのかも考えていかなければいけないでしょう。これが高齢化問題であり、人口が減っていく問題です。

高齢社会の4大特徴

　今後の高齢者像は、どうなっていくのかを認識してもらうために整理しました（図：高齢社会の4大特徴、22ページ上）。高齢者は2040年代初頭まで現在より500万人くらい増えていきますが、これからの高齢者について、ぜひ覚えていただきたいポイントとして四つの特徴を挙げます。
　一つは高齢者、65歳以上のことを高齢者と呼びますが、よりお年を召した高齢者が増えていく。75歳以上、もっと言うならば80歳以上が増えていくわけです。
　二つ目の特徴として女性高齢者が増えていく。男性高齢者も増えますが、絶対数が多い団塊世代から団塊ジュニア世代の両側が高齢者になっていく中で、平均余命の差を考えますと、女性高齢者の絶対数がかなり増えていきます。横に書いてあるように、これから先の平均余命を調べると、実に女性の半数は90歳まで生きる。4分の1は95歳まで生きる。男性は残念ながら、そこまで生きられないですが、それでも4人に1人は90歳まで、10人に1人は95歳まで生きるとこの種の生命表には出ております。ここから先は、かなりお年を召したおばあちゃんが増えてくることになります。
　三つ目は1人暮らしが増えていく。人口動態としては、特に②「女性高齢者が増加」に若干関係しますが、要するに連れ合いを亡くしてから、より元気になったおばあちゃんが長生きをする。かつ、今の「生涯シングル」という選択をされた方が高齢化していく。この両側が合わさっていきますと、一番高齢者の数が増

える40年ごろには、実に女性高齢者の4人に1人が1人暮らしになると予想されております。これは、今の社会とはかなり変わってくることでしょう。実は、男性も5人に1人が1人暮らしになると予測されています。四つ目は、どうやら「失われた20年」の影響が出そうだということで、④の「貧困層増加」につながっていきます。

　これは人口動態に関係ないのですが、ここから先、貧しい高齢者が増えてくると見られます。何が起こっているのかは後ほど詳しく説明しますが、さらっと説明しますと、失われた20年の間、非正規雇用という働き方をせざるを得なかった人たちが高齢化するということです。年金保険料をきちんと納めてこられなかった人たち、今まできちんと稼いでこられなくて、老後資金をためきれてない人たちがこれから高齢期を迎える。③の「男性の5人に1人が1人暮らしになる」がどう関係するかというと、不安定な雇用で彼女にプロポーズできなかった人たちが、これから高齢期に入ってきて1人暮らしが増えてくるのです。もちろん男性高齢者にも連れ合いが先に亡くなったという人は増えますが、男性も女性も1人暮らしが増えていきます。

どういう高齢者社会がやってくるのか

　もう少し「4大特徴」を説明していきたいと思います。2018年の段階で、高齢者の3人に1人は80歳以上です。昨年（17年）の敬老の日に合わせて総務省が公表した数字を私が再集計したものです。この時メディアが「90歳以上が初めて200万人を超えた」と大きく報じていたことを記憶している方がいらっしゃるかもしれません。今年は65歳から74歳という比較的若い高齢者、ちょっと評判が悪い言葉で言いますと「前期高齢者」と、本当にセンスが悪いと思いますが行政が使用している用語なのであえて使いますが、75歳以上の「後期高齢者」の数が逆転する年だといわれていました。

　事実、総務省のデータでは今年の3月に逆転しまして、ここから先どんどん「高齢化した高齢者」が増えていきます。安倍政権が進めているような「高齢者の就業促進」といっても、就業を促進したいような若い高齢者はむしろ減っていくと容易に想像できる状況です。

先ほど申し上げましたように、40年ごろになると女性の4人に1人、男性で5人に1人が1人暮らしになる。そうなったとき、どういう高齢者社会がこの先やってくるのか想像していただきたい。年を取った1人暮らしのおばあちゃんが、まばらに住んでいる所が増えてくる。都会に暮らしていると、なかなかピンときませんが、東京でも郊外は似たような状況になるとみられています。

　それから、80代ともなると、自分で出掛けることが難しい人が増えてきます。ところが、1人暮らしなので買い物も自分で行かなければいけない。通院も自分で行かざるを得ない。個人情報がかなり厳しい時代になって、役所に行くのも誰か代理というのはなかなか難しい。金融機関も自分じゃないと手続きができないような状況になってくる。現在も1人暮らしの人たちはいますが、まだ周りに誰か支えてくれる人がいる。同居してなくても近くに娘や息子、自分のきょうだいがいて助け合えるわけですが、家族をつくらない人、つくれなかった人、本当に1人という人が増えてくると、支え合うことができない。こうした状況がこれからどんどん広まってくることでしょう。

　一方で、若い人が減っていき、いろんな意味でのサプライヤーが減ってしまう。40年ごろになると行政機関、市役所や町役場の職員が確保できないと総務省も言い始めています。それから物流も人手不足となります。これまで物流は公共サービスとは認識されてこなかったのですが、物が運べない状況が懸念されます。今後は運転手が確保できないという予測値が、いろんなところで出てきています。今年の4月に、それを予見するような出来事が起こりました。引っ越し難民です。2倍の料金を払っても「できません」と言われて断られた。

　どれだけ老後資金を蓄えていようが、運んでくれる人が減ったのではお金の使いようもありません。こういう社会が既に始まっているのです。政府は一生懸命、インターネット通信販売は新しい成長産業の芽だと言うわけです。自分の足で買い物に行ける人までが、コンピューターでピッと押せば自分の家まで荷物を運んでくれるサービスを便利なものとして使い始めています。しかしながら、これからは本当に誰かに運んでほしいという年齢の方が増えてくる。だけど、少子化の影響で運ぶ方は減ってきている。1人暮らしの高齢者で自分自身が移動せざるを得ない人たちが増えるのに、トラックだけでなくバスや電車の運転士なども減っていく。こういうアンバランスは、物流だけでなく公共交通機関に関しても起き

てくるのです。支え手不足は、他の分野でも全部起こってきます。

効率的な社会を維持できるのか

　時間が少ないので、もう一例だけ申し上げますと、物を売ること、これも随分変わってくると思います。80代以上が総人口の14％くらいになる。そうすると、この国の総人口が減ってマーケットが小さくなってきますから、高齢者に物を売っていかなければ商売は成り立たない。だけど、80歳を超えた人に物を売るのは大変です。私は80代の母と一緒に住んでいますので、80代の人がどういうしぐさ、動きをしているのかをよく知っております。自分も将来こんなふうになるのかなと思いながら見ているわけです。やはり若い頃のようにはいかない。理解力も衰える。運動能力も身体能力も衰える。病気もしがちになります。

　こうして講演をしている時間も、百貨店で買い物をしているマダムがいます。しかし、高齢者といってもまだお若いので、パッと来て色や柄、サイズ、手触り、自分に似合うか似合わないかで買ってくれる。私が百貨店の社長だったら、少ない人数でどう効率的に物を売るかを考える。これは経営者として当たり前のことです。しかし、80代の人たちが電車を乗り継いで買い物に来なければいけなくなったときに、今のような効率的な社会が維持できるでしょうか。

　電車の乗り降りのときに、自動改札で立ち止まってしまうおじいちゃんがいます。人の流れに付いていけない人たちです。今はほんの一握りだから「もうまったく」と思っても、やりすごせる。けれど、こういう人が総人口の14％、6、7人に1人という時代になったら、どうなるでしょうか。

　80代になったからといって、みんなが寝たきりになるわけではありません。自分で出掛けなければいけない人が増えますと、電車は今のような間隔で走ることができるでしょうか。無理でしょう。バス停ごとにつえを突いたおばあちゃんが立っている光景を想像してください。勤務先の営業車がバスを追い越せず、バスの後ろで待っている時間が一つのバス停で30秒ずつ増えたら、得意先まで10分で行けたのにもっとかかるようになります。こういうことが日本中で起きれば、生産性を下げることになります。押し下げ効果になっていくと思いますが、こういうことは政府の推計とか見込みの中には出てきません。

先ほどの百貨店の売り場の例もそうです。買い物に来て商品説明を受けても、聞いた端から忘れてしまう。もう一回、最初の説明をしてくれとなりかねません。私も同じような経験を既にしています。携帯電話の買い替えの時、まくし立てられるように店員から説明を受けて、何を言われているのか全然分からなかったので、思わず「もう一回日本語で説明してください」と言ってしまいました。こういうことが日本中で起きる。これまでのように、効率性一辺倒のやり方が果たして通用するのかということを考え直さなければいけないでしょう。むしろ、寄り添い型のビジネスを展開していくとか、ゆとりある暮らしぶりにこの国を変えていかなければいけないと思います。

　高齢化社会問題というのは社会保障費が伸びるだとか、医療機関が足りなくなるとかという単純な話ではないことがお分かりいただけましたでしょうか。皆さまが住んでいる社会の中で、いろんな形で変化が広がってくる。これが高齢化社会の姿だと思います。

見えづらい2042年問題

　もう一つ大きなテーマがあります。先ほどの「高齢社会の４大特徴」の④にあった「貧しい高齢者が増えてくる」という問題です。
　団塊ジュニア世代は、数少ない戦後の、人口ボリュームが多い層です。ちょうど就職氷河期に重なった世代でもあります。終身雇用とか年功序列を「昭和のモデル」と便宜上呼びますが、この昭和のモデルの働き方ができない人が増えた時期を「失われた20年」とか、いろんな言い方をしました。この人たちが高齢者になるのが2040年ごろ。日本の高齢者人口が一番ピークになる頃に、ちょうど当てはまってくるわけです。何で42年に日本の人口がピークを迎えるのかというと、団塊世代の方が90代半ばとなってもお元気で、かつ団塊ジュニア世代が70代くらいになってくるからです。
　問題は団塊ジュニア世代の非正規雇用の人たちです。現在彼らの先頭は47、48歳ですが、団塊ジュニアの後の世代も含め、かなりの数がいらっしゃるわけです。実態は分かっていませんが、分かっているところだけを見たのが、この図（「見えづらい2042年問題」、28ページ）です。これは総務省の研究所の数字です。35

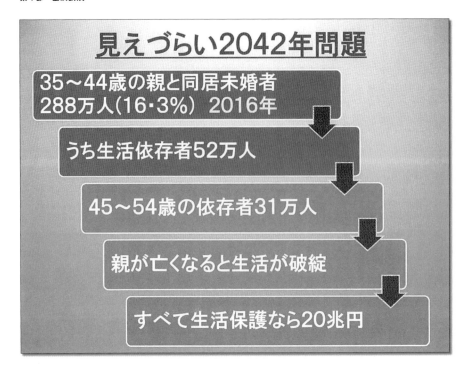

歳から44歳、普通だったら家庭を築いているであろう年齢の方のうち、親と同居をしている未婚の人がざっと290万人います。この世代の16.3%です。この中にはビジネス的に大成功を収めて、貧しい親の面倒を見ているという独身の人もいるかもしれない。ただ、その数は少ないはずで、大多数はそこそこ稼いでいるが親の支援を受けている人たちだと思います。独立したくとも家賃が払えないので親元にいるといった人もいるでしょう。

問題はこの二つ目の欄で、290万人のうち全面的に親に養ってもらっている人が50万人くらいいます。団塊ジュニアの先頭は、もう47、48歳になって「35〜44歳」のカテゴリーから次のカテゴリーに移っています。そこで、「45〜54歳」のカテゴリーについても同じような人がどれくらいいるのか調べてみますと、30万人くらいです。合わせて80万人くらいいるわけです。

しかも、ここに出てこない人もいます。親元ではなく、貧しいながらにやっている人です。夫婦共に非正規で、例えば年収150万円ずつで計300万円といったような暮らしをしているカップルは結構います。子どもが生まれた途端に生活が破綻するので、絶対妊娠はしないと互いに確認しながら生活しているような人もか

なりいるといわれています。また、親以外の人に養ってもらっている人もここには出てこないわけでして、「貧しい高齢者」の予備軍はもっといるといわれていますが、その実態はよく分からないわけです。この人たちは好むと好まざるとにかかわらず、年金保険料を払ってこなかった。先頭の47、48歳の方は、今から仮に就職できたとしても保険料の納付期間が短くならざるを得ないので、低年金が決まってしまっているのです。これからも就職せず、親に依存するならば無年金になります。法律が改正されて、10年間保険料を納めれば年金をもらえる権利を得ることができるようになりましたが、10年の納付期間では年金受給額は少ないです。自分の老後資金は蓄えていません。

　ここには書かなかったのですが、この世代で、昭和のモデルで就職した人も、実は賃金抑制がすごく利いています。今の40代半ばくらいの人たちは他の世代に比べて賃金上昇が抑え込まれてきたので、老後資金をため切れずに定年退職を迎えることになる人が多いと見られます。この人たちは正規雇用なので年金保険料は自分の収入に合わせて納付額が決まりますが、一つ前の世代や既にリタイアしている人たちと比べると、納付額は少なくなっています。でも、寿命は延びていく。すなわち老後の時間がますます長くなっていきます。しかも年金制度には「マクロ経済スライド」という給付額を抑制していく仕組みが組まれています。老後をどうやって暮らしていくのかということを真剣に考えざるを得ない人が本当に増えてくるのが40年代の日本社会なのです。

2024年問題

　こうした低年金や無年金が避けられない人が、全て生活保護になったらどうなるのかを調べようとしたら、厚労省は「出せない」と言うんです。生活保護に陥ることを前提とした推計なんかできないということですが、厚労省の外部の研究所が試算していました。その数字が一番下にある20兆円です。17兆円から20兆円くらいの財源を要するというのです。もちろん一定の仮定を置いた数字なので、この通りになるかは分かりません。でも、これは今の社会保障改革の中で全然議論されていない課題です。

　私は厚労省の担当が長かったものですから、随分と厚労官僚とはこの問題につ

いて議論をしてまいりました。団塊ジュニア世代がまだ30代半ばだったころ、私は「このままだと大変なことになる。これは日本における時限爆弾だ」と主張しておりました。厚労官僚たちとは共通認識を持っていたのですが、いまだに抜本的な対策が講じられていません。厚労官僚が怠けているわけではなく、手が回らないのです。なぜかというと、この問題の手前にある「2024年問題」がまだ道半ばだからです。メディアは「2025年問題」と呼んでいますが、厳密には24年に団塊世代の全てが75歳以上になります。75歳以上になると大きな病気にかかりやすくなる。高齢者の医療費は若い世代の5倍です。要するに、大きな病気にかかりがちになる年代に入る人が増えることへの対応策がまだ完結していないのです。消費税も上げられない状況で、厚労官僚にしてみれば、とてもじゃないけど40年代の課題に取り組めるはずもないということです。

　繰り返しますが、高齢化社会というのは、ただ人数が増えていく問題ではないのです。この頃の社会の中心の年齢になるのは今の中高生くらいです。彼らにこの問題を全部押し付けるのは、あまりにも無責任です。今の大人たちが早くこの問題にある程度の決着をつけ、次の世代に本当の意味での解決を委ねていかなければいけない。残念ながらメディアでこの問題が取り上げられることはあまりありません。政府や国会でも、ほとんど議論がされていませんが、高齢社会の大きなテーマになってくると思います。

働き手不足にどう対応していくか

　次の大きなテーマになるのが、働き手不足にどう対応していくかです。2030年代半ばまでに、20歳から64歳の人口はざっと1千万人減る。60年代までに2千万人減っていく。もちろん人手不足というのは景気の動向に影響されます。働く世代の総人口が減っていくので、景気動向の人手不足に拍車をかけるような状況が続く。簡単に言えば、この先ずっと、どの業種も、どの会社も人手が足りないということになるということです。

　少子化・高齢化という問題は社会全体として捉えられがちですが、これは各組織の中でも同じことです。どの会社も、どの業種も20代、30代の若い社員が減り、増えていくのは40代、50代です。40代、50代の社員に頼らざるを得なくなる会社

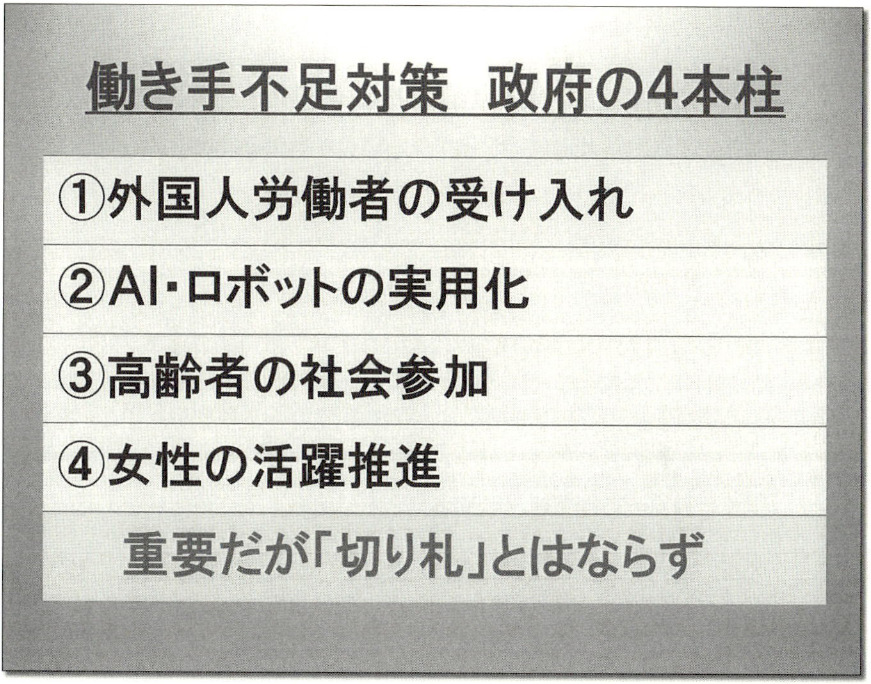

> **働き手不足対策　政府の4本柱**
>
> ①外国人労働者の受け入れ
> ②AI・ロボットの実用化
> ③高齢者の社会参加
> ④女性の活躍推進
>
> 重要だが「切り札」とはならず

が増えていきます。会社組織の中もいびつになって、なかなかイノベーションが起こりづらくなってくる。若い人が新しい発想を吹き込んで、という世代循環が組織の中で起きづらくなるのが少子高齢化なのです。企業のイノベーションも起きづらい、新しいヒット商品も生まれづらいという状況ができてしまう。この「人が足りない。絶対数が足りない」という問題にどう対応していくのか説明します。

　貧しい高齢者が増えてくる2042年問題に比べれば、政府は人手不足の方は対応しています（「働き手不足対策　政府の4本柱」、上図）。経済界からの強い要望もあって動いているのですが、一つ目は外国人労働者で何とかしようという政策です。これは一番安易で、分かりやすいやり方です。二つ目は人工知能（AI）やロボットの技術です。新しいテクノロジーで省力化して、人手不足の解消につなげる政策的な後押しをするということが、政府の二つ目の方針として出てきている。三つ目、四つ目は高齢者もしくは女性の活躍をもっと促していこうと。これは「1億総活躍の推進」と安倍政権が呼んでいる政策です。

ほかにも、政府はいろいろ取り組もうとしていますが、私にはこの四つを一生懸命やろうとしているように見えます。ただし、この四つが人手不足解消の"切り札"になるのかというと、全部やらなければいけないとは思いますが、1千万とか2千万人と働く世代が減っていく状況を解消するための方策にしては弱いと思います。なぜか。

　一つ目の外国人からご説明しましょう。外国人労働者の受け入れ拡大は、分かりやすく手っ取り早い方法です。この問題に関して、私は論壇の中では、かなり特殊な位置に立っています。私の講演に続いて行われるパネルディスカッションの中で詳しく出てくると思いますが、外国人問題でよく言われるのが「推進派」と「慎重派」です。推進派は「これからの時代は外国人抜きでこの国は回っていかない。日本は外国人受け入れの障壁が高い。障壁を下げてやりさえすれば、いっぱい来るのに何で下げないのだ」とおっしゃっている。これに対して慎重派は「治安が悪くなる」とか、「天皇を中心として、日本人同士ならばあうんの呼吸で分かり合える。均質性は日本人の強みであるが、それが損なわれることになる」などとおっしゃる。それ以外にもいろんな意見がありますが、大ざっぱに言うとそういう意見に分かれている。

　これに対して、私の立場は「懐疑派」です。受け入れ拡大政策をやっても外国人はそんなに多くは来ないと思っています。これは人口政策を専門とする私の見方です。なぜそう思うのかというと、一つは日本を取り巻く国、労働者を送り出す国は、日本から遅れること10年、20年で少子高齢化が進んでいくからです。ほとんど外国人が働いていないと言ってよい日本の現状からするとその数は今後増えることは間違いないですが、1千万人減る日本の若い世代を補うとなったら、そんな数の外国人がどこから来るのか。こういうことを考えなければなりません。日本への労働力の送り出し国は、みんな高齢化していくのです。日本なんかに若者を送り出し続ける余裕のある国が、そんなにあるとは思えません。

　しかも、日本の場合、「循環型」と私は呼んでいますが、ものすごく都合のいい受け入れ政策をやろうとしています。働き盛りの人たちに来てもらって、その人たちがある程度滞在した後、あまり年を取らないうちに帰ってもらうという政策です。こうした「循環型」は、送り出し国も世代が変わっていかないと成り立たない。これから10年間くらいはまとまった人数が来てくれるかもしれませんが、

その後、確実に循環できるだけの規模の人数が安定的に来てくれるのかというと、なかなか難しいでしょう。

二つの人口減少

　そんなに多くの外国人が来ないのではないかと思う理由としては、コンピューターの普及もあります。コンピューターの普及によって、今やミャンマーだろうが、バングラデシュだろうが工場をきちんと建てることができたならば、ボタン一つ押したなら同じ製品が作れる時代になりました。わざわざ多額の渡航費をかけて言葉も通じない、どうやら自分たちのことを見下しているらしい日本という国に行くメリットがどこまであるのか。私が出稼ぎに行く外国人だったらそう思います。自分の国の近くに宗教が同じ、食文化も似ている国に働き口があるなら、そうした国に働きに行けばいいと考えるでしょう。わざわざ極東の島国まで来る人がそうたくさんいるとは思えないのです。

　付言するなら、お隣の韓国も、台湾も、中国も、みんな若く優秀な外国人労働者が欲しいと言っています。ヨーロッパもそうだといいます。国際間の争奪戦という状況の中、日本は打ち勝っていくだけの魅力がある国でいられるのか。ずっと魅力ある国として、やっていくことはできない。何が起きるかを考えなければいけないわけです。安倍政権が言うように、10年くらいそれなりの数を呼び込んで外国人に依存する社会をつくってから外国人が来なくなってしまったならば、どうなるのでしょうか。日本人の数が減る上に、当て込んでいた外国人が来ないという二つの人口減少のようなことが起きてしまいます。そこまで念頭に置いて、この政策を考えなければいけないと思っています。来てもそこそこの人数になると思われます。もちろんゼロにはできないし、してしまったら日本の社会は当面は回っていきません。

　イノベーションを起こしていくため、高度な人材が来てくれるような国にしていかなければならない。そうでなければ日本の発展はないという問題もありますが、来てほしい人の顔触れとボリュームの両側を考えてもいます。これらのことをよく考えることなしに、日本の人口減少を外国人労働者で支えるという政策は机上の空論に思えます。政府がそこまで深い議論をやっていないまま、なし崩し

に広がっている状況がこの2010年代の後半なのかなというふうに見ているわけです。

人口動態は情け容赦なく進んでいく

　二つ目のAIやロボットの話も似たようなところがあります。イノベーションが起こっていく。機械化で省力化し、その分人手を少なくするということは人口動態に関係なく、人口が増えている時代だって進められてきたわけです。それは少子化、人口が減っていく時代においても同じです。でも1千万人から働き手世代が減って、高齢者がどんどん増えていく状況の中で、機械によってどこまで人手不足の穴埋めをできるのか。これまでとは規模が違い過ぎるので、これはかなり難しい。かなりのテクノロジーの進歩がないと穴埋めは進まないでしょう。

　テクノロジーの進歩はいつ起きるか分かりません。こうやって私が話している間にも、「ものすごい進展があった」と記者会見しているかもしれません。「AIに9割仕事が奪われる」といった本が売れています。そういうことが起きるかもしれないが、それがいつのことかは分からない。テクノロジーの未来予測は、人口予測の未来とは違います。2045年にシンギュラリティ（技術的特異点）がやって来るとか、いろんな本に書かれています。では「45年」と誰が決めたのか。これは開発者や科学者の意気込みなのです。その頃にはそうなっているであろうという話で、もっと早く実現するかもしれないし、もっとかかるかもしれない。これは分かりません。でも、人口動態の方は情け容赦なく進んでいきます。人が少なくても機能していくような技術を手にするのと、人口動態の変化のペースがうまく合ってくれるなら問題はないのですが、ずれたときにどうするのかを考えておかなければいけない。

　研究室の中で技術的に確立したことを実用化し、さらに私のようなサラリーマンが気軽に使えるようになるまでには段階を踏まなければなりません。普及するのにはタイムラグがあるのです。しかも技術発展の方向は人口動態の変化に対応したものでなくてはなりません。変化の速さにどうやって対応させていくのかも考えなければいけない。人口が増えていった時代は技術開発のタイムラグを待てましたが、それを待てないくらい日本に余力がなくなってきているのです。人口

の変化が激しくなっていく時代にはタイムラグの間に社会のニーズが変わってしまいます。ということで、テクノロジーに頼り過ぎるのは難しい。頼るなと言っているわけではありません。テクノロジーが日本で実現できないと言っているわけではないのですが、タイムラグが出てしまうことの弊害をもっと真剣に織り込まなければいけないと言うことです

　三つ目、四つ目の「1億総活躍」もそうです。働く意欲のある人が働きやすい社会をつくっていくことに異論はないでしょう。ところが、安倍政権の説明を聞いていてズレを感じるのは、若い男性労働力が減ることへの穴埋め策として女性と高齢者を当て込んでいるように聞こえることです。これは「みんなが働きやすい社会をつくっていきましょう」というのとは論点が異なります。今の社会では、女性だから、年を取っているからというだけで活躍するチャンスがなかなか回ってこないという人が多い。この状況を変えていくことと、働き手不足の話は違います。前者は今の社会にプラスしていく話ですけど、後者はマイナスを埋める話です。これをごっちゃにしたのではうまくいかない。もちろん、若い男性労働力の代わりとして、高齢者とか女性が活躍することも部分的にはあると思います。でも現実的ではない。特に高齢者の場合、増えていくのは働くのが難しくなってくる年齢の方という実態もあるわけです。

　こういう話をすると河合は四つとも否定していると思われますが、そういうことを言っているわけではない。四つともやらなければこの国は回っていかなくなるという前提で考えても、この四つの政策だけでは抜本的な解決とはならない。あくまで弥縫策、部分的な政策にすぎないと思っているのです。

戦略的に縮む

　では、どうすればいいのでしょうか。私は「第5の選択肢」（図：第5の選択肢　戦略的に縮む、36ページ上）として、拙著『未来の年表』の中でも強く訴えているのが、「人口が減るなら減るなりのやり方をしましょう」という考え方です。「戦略的に縮む」と提言しております。

　私は50代半ばですが、私よりも上の世代の方々は「縮む」ことは嫌なんです。「大きいことはいいことだ」というチョコレートの宣伝が昔ありましたが、昨日

第1部　基調講演

> ### 第5の選択肢　戦略的に縮む
>
> 「小さくとも豊かな国」へ
> ◎ 24時間社会からの脱却
> ◎ 国際分業の徹底
> ◎ 非居住エリアを明確化
> 大都市集中型→拠点型国家

※ この資料を無断で再利用することは、堅くお断り致します。

よりも今日、今日よりも明日と数字が伸びていくこと、新しくて便利なことを手にしていくことが豊かさであると、われわれ以上の世代は考えてきました。「発展イコール拡大」という意識が染み付いているわけです。

しかしながら、「縮むこと」が「衰退」や「負け」と決まったわけではない。要はやり方次第です。現実を見ても、ドイツは8千万人台しかいません。フランスは6千万人台しかいません。日本より小さな国ですが国際的に大きな顔をしているのがどちらかは言うまでもない。人口大国である日本は半分になっても6千万、7千万人くらいいるわけです。多少高齢化しようが、うまくやる方法があるはずだというのが私の考え方です。

ここ（図：第5の選択肢　戦略的に縮む）に幾つか書いてありますが、便利過ぎる社会を少し見直す。先ほどネット通販の話をしました。本当に24時間コンビニは開いていなければならないのか。デパートは元日の朝から売る必要があるのか。こういうことを少しやめるだけでも、そこで働いている人が他の分野に回ることができるわけです。

　この製品は作り続けなければならないのか。先進国で日本ほど多くの産業分野を持っている国はない。総合百貨店といわれます。どこの国でも得意な物を作って、そこで社会の豊かさを維持している。これからは日本の総人口が減り、高齢化が進んでいく。社会がそういう状況に変わってもこれまで通りの商品を作り続けなければいけないのかを考え直してみる。外国人に来てもらってまでやらなければいけない仕事なのかということについても考えてみる。どの企業も、これまでも合理化をしてきて、無駄なことをやっている会社はないわけですが、社会の変化に伴って、今の仕事をいつまでやるべきなのかをもう一度考えていく。これによって、他の分野に回れる人をもう少しつくれるでしょう。

公的な社会づくりのために拠点化を

　三つ目の「非居住エリアを明確化」というのが政治家に一番評判が悪い提言なのですが、きちんとサービスが届かない、行政サービスも届かない、公的サービスもなかなか届かない、運ぶ人がいない、市役所の職員がいない、お医者さんがいないというときに、1人住まいの山の上の一軒家に、どれだけのお金をかけてサービスを届けるのかという議論をそろそろしなければならないということです。全員が都会や県庁所在地に移住しろということではなく、地区の中に行政サービスや物流も、そこまでは届けるというエリアを決めるのです。そういうエリアではコンパクトな生活を実現する。ただ政府が言っているように小さくするだけでなく、エリア内の生活をきちんと機能させていく。付加価値の高い仕事をつくりだす拠点づくり、という考え方を選択しなければいけないと思います。そうすれば、無理してトラックの運転手を確保するとか、無理してお店を開くとか、無理して医療介護の人材を確保するとか、そういうことをしなくても効率的にやっていけるようになります。

　高齢者の暮らしを、地域包括ケアシステムで支えていく構想を政府は持っていますが、人口が激減していくところではそんなことはできません。むしろ、高齢者に集まって住んでもらうことで、1人のお医者さんが効率的に往診できるようにすれば、地域の人数が少なくなってもお医者さんにかかる機会が増えていきます。効率的な社会づくりのための拠点化ということを考える時期に入っていくのだろうと思っています。

　ちょっと頭の体操をします。仮に働く世代が今後1千万人減っていくとします。でも、1千万人分の仕事をなくす効率的な社会をつくることができるのであれば、人手不足は起こらないのと同じです。これは理屈上の話であり、その通りにならないことは百も承知で話しています。ただ、そういう社会ができても人手不足は起きなくなりますが、それだけではこの国は貧しくなっていくんです。なぜかというと、みんながかつかつに社会を支えなければいけない状況になるからです。

　例え話として、分かりやすくするため、切りの良い数字を「便宜上の数字」として述べますが、仮に働く人が1千万人減るのであれば、1100万人分の仕事をなくすことです。1100万人分の仕事がなくなっても社会が機能するのなら100万人の"遊ぶ人"ができる。これが大事なのです。今日は、私よりも年代が先輩の方々がたくさんいらっしゃるので、皆さんが活躍した時代のことを思い出していただきたい。"遊ぶ人"たちとは、もちろん享楽にふける人ではありません。無駄と思えることにチャレンジする人、武者修行をさせる人のことです。特に若い社員にやらせる無駄の中から新しいこと、新しい発想、新しい商品が生まれてくる。こうしたことはこれまでやってきたわけです。高齢者が増えて、なかなかイ

ノベーションが起こりづらい状況が広がっています。人口が減るから、若い人が減るからこそ、"遊ぶ人"をどうやって確保していくのかを考えないと、この国にはイノベーションが起こらなくなることでしょう。

これまでのメディアのやり方は通用しない

　戦略的に縮みながら、安倍政権がやっているような四つの政策でしのいでいくことを考えていかなければいけません。同時に少子化対策にも取り組み、100年後、200年後、この国はかつてよりは小さくなるけれども、もう一度きちんと世代循環ができる社会に戻していくことが肝要です。これは1世代ではできないので、次の世代にどうやってつなげていくのかを考えなければいけない。自分の経営している会社の利益が上がればいい、自分さえよければいいと目先のことをやっていたら、日本は必ず貧しい国になっていきます。

　これからも日本という国は続きます。人口が減るからといって日本人が突然いなくなるわけではありません。日本消滅なんてことは突如として起こるわけではないのですが、でも過去の成功体験にしがみつくならば日本は貧しくなっていきます。どうしてもこれを避けなければいけません。日本はこれまでもいろんな試練があった国ですが、何とかここまで豊かさを保ってまいりました。しかしながら、これをひとたび損ねたら二度と取り戻すことはできないと思っています。何で戦後の焼け野原から立ち上がってこられたのか、大きな災害から立ち上がってこられたのか。それは国民が若かったからです。

　ここから先は国民の半分が高齢者になっていく。4人に1人が75歳以上になっていく。そういう社会の中で一度豊かさを手放してしまったならば、もう立ち上がれない。単に、これから起きる人口減少がもたらす諸課題に対応すればよいわけではありません。どうやってこの国の豊かさを維持していくのかという視点を常に忘れず対応していくことです。これがすごく大事です。

　とはいえ、日々の生活において個々人が対応していくのは難しい。だからこそメディアの出番です。こういう問題についてきちんと意見を言っていく必要があります。こういう国家的課題に対して警鐘を鳴らすのは、今のマスコミ人がやらなければいけない問題です。役所と一緒になって縦割りに記者を張り付けて、行

政の言うままに情報を報じていくようなメディアの報道姿勢はもう通用しない。俯瞰(ふかん)的に見て何をすべきか、どういうタイムスパンの中でこの問題を考えるのかの整理を各分野でやっていく必要があります。それが、メディアに課せられた使命だと思っております。

　数分残して私の話を終わりたいと思います。残り時間は質問でもいいですか。質問がある方がいらっしゃいましたら、１問か２問お受けいたします。ご清聴ありがとうございました。

質疑応答

司会　河合先生、ありがとうございました。質問があるという方いらっしゃいますか。後ろの方から手が挙がりました。マイクの準備お願いします。

質問者　今日はお話ありがとうございます。何年か前に、藻谷浩介さんが『デフレの正体』（角川書店）という本を書かれました。その本は「日本のデフレは人口が減っているからだ」という答えです。そうではなく、日銀の金融政策や財務省の緊縮財政が原因だと私は思っていますが、先生はどうお考えですか。

河合　私は藻谷さんとは違う意見です。もちろん、人口が減ることが経済を弱体化させていく大きな要因であることは間違いない。数が多ければ消費も大きくなりやすいというのは間違いないのですが、ここに「生産性」という軸が入るはずです。人口が少なくなっても、生産性を上げていくならば社会は豊かになる。人口が減っていくから経済が衰退していくわけではないのです。だから、私は戦略的に縮んでも、この国は豊かにできるという論を展開しているわけです。よろしいでしょうか。もう一人どうですか。

司会　そちらの方お願いします。

質問者　私は50年くらい日本の移住政策に携わってきたのですが、先生の著書で戦前、戦後の日本の移民政策について読ませていただき、感銘を受けました。

質問ですが、外国人労働者の受け入れが切り札にならないというのは、私も全く同感です。単に「労働力の不足」というだけで外国人労働者を受け入れると大変な問題を抱え込むと思うのです。

端的に申しますと、日本は過去約30年の間に約30万人の労働者をブラジルから受け入れ、不景気になると15万、16万半ばを強制的にブラジルに戻しています。今、日本に残っている人は20年ぐらい前に市民権を取得し、60歳を超えた人が増えてきて、生活保護を受けなければ生きていけないような状況も出てきている。これは深刻な問題です。単に切り札にならないだけではなく、将来の日本の社会保障とか生活保護の実験をしているのです。考え直すべき重要な問題だと思います。先生からコメントをいただければ。

河合 この後のパネルディスカッションでも専門家の先生からいろんなお話が出てくると思います。この問題を追い続けている立場から申しますと、外国人の受け入れに限らず人口政策をいじった国でトラブルが起こらなかった国は一つもない。一番懸念しているのは、日本に5年いれば「定住権」が取得でき、その後は「永住権」、さらに先には「地方参政権」という問題が起きてくるわけです。

この先、人口が増えている国が「労働政策」として移民を受け入れるのと、日本のように人口が減っていく国が「労働力」として外国人を受け入れるのとでは問題が本質的に違うと思います。外国人も同じ人間ですので、社会の構成員として受け入れる場合、同じ仲間として受け入れていくわけです。それは参政権の問題まで踏まえて考えていく必要があるということです。人数が多くなった外国人に参政権を付与するとなれば、明らかにこの国のかたちは変わっていくことでしょう。日本人がそこまでの覚悟を持って、コンセンサスを形成できるのであれば、受け入れなければいけないと思っていますが、こうした点に対する議論が政府内にはあまりにも見えない。

先ほど循環型と申しましたが、今の日本政府の受け入れ策は本当に都合のいい考え方です。彼ら（外国人）を労働力として見て、都合が悪くなったら帰ってもらう。こんなことがいつまでも可能なはずがない。ご質問いただいたように、帰れずにこの国にいる人もいるし、帰れるはずなのに不法滞在でこの国に居続ける人もいる。外国人の受け入れ政策というのは為政者の思い通りには動いていか

ない。そういうことも全部ひっくるめて議論をしなければいけない問題なのです。時間がないので、この程度にしておきます。

　移民政策というのは、かなり難しい、根っこの深い問題を抱えていることは、皆さん、この問題に関するお考えはそれぞれ違うでしょうけど、ご理解いただいていると思います。

司会　質問は以上とさせていただきます。河合先生、本当にありがとうございました。河合先生はご都合により、ここで退席となります。皆さま、いま一度盛大な拍手をお願いいたします。

第2部

パネルディスカッション

人口急減社会で何が起きるのか
―メディア報道の在り方を考える―

パネリスト

上林千恵子
法政大学社会学部教授

岩本晃一
経済産業研究所上席研究員(特任)／日本生産性本部上席研究員

水無田気流
詩人・社会学者

諏訪雄三
共同通信社編集委員兼論説委員

コーディネーター

松本真由美
東京大学教養学部客員准教授

パネルディスカッション

人口急減社会で何が起きるのか
―メディア報道の在り方を考える―

松本真由美・東京大学教養学部客員准教授(以下、松本)　皆さん、こんにちは。本日はお忙しい中、お集まりいただきありがとうございます。これよりパネルディスカッションを始めさせていただきます。私は進行役、コーディネーターを務めます松本真由美と申します。よろしくお願いいたします。

松本真由美氏

　本日のシンポジウムのテーマは「人口急減社会で何が起きるのか―メディア報道の在り方を考える―」です。急減していく過程で、労働力の不足が深刻となったり、全国で空き家が急増したり、地方都市の空洞化も進むなど、先ほど基調講演で河合(雅司)先生が講演されましたが、深刻な問題がこれから日本で生じてくることが予想されます。さらに、人工知能(AI)やロボットの導入、外国人労働者の受け入れ拡大、高齢者や女性の活躍促進などで、労働人口を補うことができるのでしょうか。併せて人口急減時代のメディアの責務についても、議論してまいりたいと思います。

　それでは、本日のパネリストをご紹介します。パネリストの皆さまは、それぞれ一言ずつ自己紹介を兼ねて、ご自身と人口急減社会との関わりについても、お話しいただけると幸いです。最初は法政大学社会学部教授の上林千恵子さんです。

上林千恵子・法政大学社会学部教授(以下、上林)　法政大学社会学部で産業社会

学を教えております上林千恵子です。特に「人口急減社会」を対象に仕事をしてきたわけではなく、私の研究の出発点は、高齢者社会が来ることを予測しての高齢化社会における雇用制度の研究でした。例えば、①年金の支給が遅れた場合に、定年延長をどう実現するか②定年延長に伴う賃金の変更はどうしたらいいのか③高齢者が職場で、労働可能年齢を延長するための方策は何か―そういったことをテーマとしてきました。特に、中小企業の高齢者問題をテーマとしていたところ、1980年代後半に中小企業では高齢者以外に外国人労働者の方が増えてしまったという事実が見られました。そのため大学院時代の指導教員に「これは新しい現象だから労働問題としてやってみないか」と言われたことが、現在まで外国人労働を勉強するきっかけになっています。よろしくお願いいたします。

松本 続きましては、経済産業研究所上席研究員で日本生産性本部上席研究員でもいらっしゃいます岩本晃一さんです。

岩本晃一・経済産業研究所上席研究員(以下、岩本) 経済産業研究所の岩本です。今、IoT（モノのインターネット）、AIなどデジタル化の社会科学分野の研究をしています。雇用への影響、AIを使ってどのような商売ができるのか、ビジネスモデルの開発などに関する研究です。ドイツではこの分野に千人くらいの研究者がいますが、日本ではとても少なく、多分、私以外にいないのではないかと思います。

　AIは、社会に与える影響が大きく、技術開発だけでなく、ビジネス化してグローバル競争で勝っていかなければならないのに、そういった分野を研究する人が日本にはとても少ない。日本は第4次産業革命を本当に戦っていけるのか、大丈夫かと思う次第です。

　人口減少問題との関わりですが、社会人になった最初の年に厚生省（現厚生労働省）の人口問題研究所の将来予測を初めて見ました。今の人口減少を非常に正確に予測しています。約40年前から、今の日本の人口減少は非常に正確に予測されていました。それが私の人口減少との関わりです。

松本 続きましては、詩人・社会学者でいらっしゃいます水無田気流さんです。

水無田気流・詩人・社会学者（以下、水無田）　よろしくお願いいたします、水無田です。ご紹介いただきましたように、肩書きは詩人・社会学者となっておりますが、「どうやって両立させているのですか」とよく聞かれます。大学院生時代に研究がなかなかうまく進まず、半ばやけを起こして『現代詩手帖』（思潮社）という雑誌に投稿した詩をまとめた詩集が、「中原中也賞」という大きな賞をいただいてしまって引っ込みがつかなくなり、「二足のわらじ」ならぬ「二足の鉄げた」を履いている……というのが現状です。

　専門は文化社会学、ジェンダー論、家族社会学です。現在、国学院大学の経済学部で、社会学や「ジェンダーと経済」を中心に教えています。若年層の家族関連行動、特に若者の「結婚離れ」が少子化に大きな影響があるといわれていますが、本当に年長の方が言うように、若い人たちは結婚離れをしているのかといったことを、より社会科学的に検証していきたいと思います。よろしくお願いいたします。

松本　続きましては、共同通信社編集委員兼論説委員の諏訪雄三さんです。

諏訪雄三・共同通信社編集委員兼論説委員（以下、諏訪）　諏訪でございます。よろしくお願いします。安倍政権の言い方だと「地方創生」、あるいは「国土強靭(きょうじん)化(か)」を担当しています。仕事柄、地方に行くことが多くて、月に2回は出張している割に土産を買ってこないと、いつも上司に嫌みを言われています。

　人口問題とか霞が関の取材を始めたのが1990年ごろということになります。その頃にはまだ「全国総合開発計画」をつくるという考え方がありまして、人口の将来と国土の在り方をどうマッチさせていくのかが霞が関で真面目に議論されていた時代でした。その後、バブルの崩壊、小泉政権、それからリーマン・ショック。いろいろありました。少子化担当大臣というものも置かれましたが、政権が行う政策の優先順位の上位に人口問題が全く上がってこなかったことが、現在の事態を引き起こしているのではないかと考えています。よろしくお願いします。

松本　ありがとうございました。以上のパネリストの皆さま方とともに、議論してまいりたいと思います。これからの進行について、簡単に説明させていただき

ます。

　前半はパネリストの皆さま方に15分程度、人口急減社会に関して、それぞれの立場から問題提起のプレゼンテーションをしていただきます。続きまして、人口急減社会に関するさまざまな課題や対策について、パネリストの方々と掘り下げて議論してまいります。会場の皆さま方から事前にいただきました質問も、議論の中に織り交ぜていきたいと思います。パネルディスカッションの終盤には「人口急減社会とメディア報道の在り方」について話し合います。皆さま、最後までお付き合いください。

　早速、パネリストの皆さまに人口急減社会に関するプレゼンテーションをお願いしたいと思います。最初に『外国人労働者受け入れと日本社会』（東京大学出版会）の著者でもある法政大学教授の上林さんから、「人口減社会と外国人労働」の現状と課題についてお話しいただきます。よろしくお願いします。

外国人労働者の現状と課題

上林　人口減社会と外国人労働の受け入れは関連しておりますので、「日本の外国人労働者の現状と抱えている課題」ということでお話ししたいと思います。

　2018年6月、今月初めに政府が「骨太方針」を発表しました。その中に「新たな外国人材の受入れ」という項目がありました。こういうことが発表されるのではないかということは、今年の1月くらいから新聞紙上にリークのような形で出ていました。まさかと思っていましたら、本当に「外国人材の受入れ」という項目があり、しかも比較的具体的に書かれています。数値目標として、25年までに新たに50万人を受け入れる。分野は建設、造船、農業、介護、宿泊であると書かれていました。受け入れ方法として新たな在留資格を創設し、仮称として「特定技能」という名前の在留資格をつくる。どういう人を入れるのかというと、一つは今まであった技能実習の実習修了者です。

　ところで、この「骨太方針」発表以前には「技能実習法」が16年11月に成立し、昨年11月から施行されました。3年の実習後に、その後2年間技能実習をしても可という新しい制度です。その制度が実施されてからまだ1年もたっていませんが、従来の外国人技能実習制度と並んで、新しい入り口となる新規の在留資格を

人口減社会と外国人労働

：日本の外国人労働者の現状と課題

シンポジウム「人口急減社会で何が起きるか」

2018年6月28日（木）　プレスセンターホール

法政大学　社会学部　教授　　上林千恵子

2018年6月政府発表の骨太方針

- その内容　「新たな外国人材の受入れ」

- 数値目標　2025年までに新たに50万人を受け入れ
- 分野　　　建設・造船・農業・介護・宿泊
- 方法　　　新たな在留資格の創設　仮称「特定技能」
- 選別方法
  ① 技能実習修了者　さらに5年の在留資格
  ② 実習修了者と同程度の技能と日本語能力保持者

- 技能レベル　中間技能　middle skill
  例　日本商工会議所の提案「中間技能人材」

日本の外国人労働者受入れの経緯

- 外国人労働者、とくに単純労働者は受け入れないとの基本方針を確認

- 1967　第1次雇用対策基本計画の閣議決定
　　　　　口頭了解で受け入れないことを確認

- （1972　ブラジル等への移民送り出し停止）

- 1973　第2次雇用対策基本計画　でも再度、確認
- 1976　第3次雇用対策基本計画　でも再度、確認

- 1988　労働省研究会「雇用許可制」の提唱がなされたが、棚上げ・放置

- 1989　入管法改正　➡　①不法就労助長罪の新設
　　　　　　　　　　　　②定住者ビザ　日系人の受け入れ
　　　　　　　　　　　　③研修生制度の創設

設置して、そこからも外国人労働者を受け入れる、というのがこの骨太方針の内容でした。

　具体的には、①技能実習を3年間ないしは5年間経験した人を、さらに5年間雇用する②この実習修了者と同程度の技能と日本語能力を保持した人を対象に「中間技能」保有者、ミドルスキルという形で単純労働者でも高度人材でもない中間の技能保持者である外国人労働者を50万人受け入れよう―という計画です。

　唐突に思いましたが、その2カ月前の18年4月に日本商工会議所が中間技能人材を受け入れてほしいという要望を出しています。1980年代後半、当時のオピニオンリーダーであった慶応大学の島田晴雄先生も「そんなに人手不足だったら『中級技能』という名前で人を採ったらよいじゃないか」ということを言われています（参照：島田晴雄（1993）『外国人労働問題の解決策：開かれた「自助の国」を目指して』 東洋経済新報社）。従って「ミドル」という発想そのものは今に始まったものではないのですが、この時点でこういう方針が発表され非常に驚いたわけです。

　なぜ驚いたかというと、日本の外国人労働者受け入れの経緯を見ますと、これ

まで「移民政策を取らない」ことが了解事項となっていました。外国人労働者、特に単純労働者を受け入れないという基本方針を何度か確認しています。この基本方針は、最初に67年の第1次雇用対策基本計画の閣議決定において、口頭了解で確認されました。73年の第2次雇用対策基本計画でも再度、単純労働者を受け入れないと確認し、さらに76年の第3次雇用対策基本計画でも確認していました。

上林千恵子氏

　ちなみに、日本の移民送り出しが頭打ちとなったのは、この最初の単純労働者受け入れを選択しなかった直後である60年代後半で、日本が移民送り出しを正式に停止したのが72年です。ところがその停止措置ときびすを接するようにして80年代後半、外国人労働者でも不法就労の人が増えてきました。これを放置していては社会秩序が乱れることにつながりますから、88年に当時、法政大学経営学部教授であった小池和男先生を座長とする研究会が「雇用許可制」を提案しました。しかし世間の大反対に遭って棚上げになり、提案はそのまま放置されて現在に至ります。

　その後、89年に入管難民法が改正されました。ここでは単純労働者を受け入れないとは言っていませんが、改正点は三つあり、一つは不法就労助長罪を新設して不法就労の削減策を意図したこと、他の一つは、単純労働者は入れないが日系人に対しては「定住者ビザ」を新設して受け入れました。そして最後の改正点が、研修生制度を創設し、一回受け入れて技能教育を行い「技能移転」という形で外国人労働者を受け入れる、という変更です。以後26～27年の間このまま移行して、外国人労働者を労働者として正式に受け入れる政策は一度も実施されていません。それにもかかわらず急に骨太方針で、しかもこれまでの政策を否定せず、「この方針は外国人労働者を受け入れる移民政策である」か否かの論議を置き去りにしたまま具体的な方針が発表されたのでびっくりしたわけです。

第2部　パネルディスカッション

日本の在留外国人の現状

- 法務省「在留外国人統計」
- 2016年　238万2,822人
-   総人口に占める割合　　1.88%

- 厚生労働省「外国人雇用状況の届出状況のまとめ」
- 2017年　128万8,670人
    労働力人口に占める外国人労働者の割合　約2%

図1　外国人労働者数の推移（在留資格別）

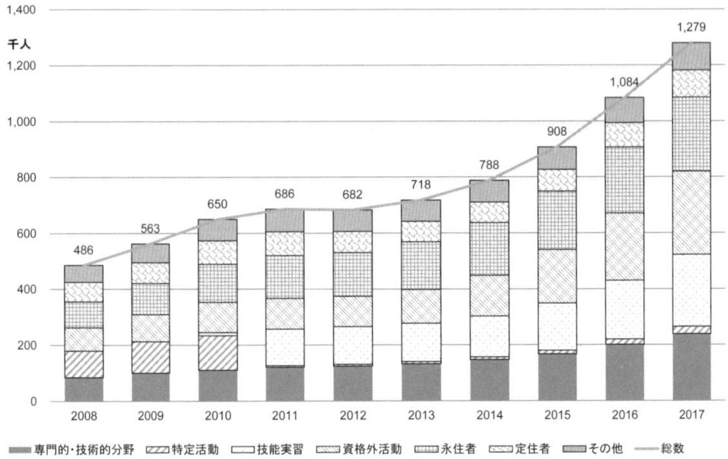

（千人）

年	総数
2008	486
2009	563
2010	650
2011	686
2012	682
2013	718
2014	788
2015	908
2016	1,084
2017	1,279

凡例：専門的・技術的分野、特定活動、技能実習、資格外活動、永住者、定住者、その他、総数

資料：厚生労働省（2017年）『「外国人雇用状況」の届出状況まとめ』

増えているのは「永住者」

　日本の在留外国人が今どういった状況にあるか、次のパネル（図：日本の在留外国人の現状、52ページ上）をご覧ください。法務省の在留外国人統計です。2016年は238万2822人で総人口に占める割合は1.88％です。一貫して増加しています。厚生労働省も外国人雇用状況の届け出状況を毎年、発表しています。最新年度の17年10月末現在128万8670人で、大体、労働力人口に占める割合は2％と言っています。それをグラフにしたのが「図1　外国人労働者数の推移」（52ページ下）です。08年から一貫して増えていることが分かります。一番下にある黒いところは就労資格が認められている専門的・技術的分野の外国人労働者です。最近増えているのは点で描いた下から3番目の「技能実習」という部分と、斜めに描いてある「資格外活動」。基本的にこれは留学生です。徐々にですが、ゆっくりと増えているのは永住者、永住権を持った人たちです。この永住者の中には、かつて日系ブラジル人あるいはペルー人として定住者ビザで働き、10年以上の就労経験を経て永住者に切り替えた人たちが分類されています。

　今どういう人たちが、メンバーに入っているかご覧ください（図2　外国人労働者の国籍、54ページ上）。これは国籍別に見たものですが、中国の方が3割、ベトナムの方が2割、フィリピンの方が12％、ブラジル、ペルーの方が合わせて10％強です。従来まで外国人としてイメージしていた先進7カ国（G7）やオーストラリア、ニュージーランドの方というのは、日本の外国人労働者のわずか6％です。日本の外国人労働者は、基本的に近隣のアジア諸国から来ている方と日系人の子孫で構成されています。

　次に図3（外国人労働者の在留資格、54ページ下）をご覧ください。どういう在留資格で働いているのかというと、専門的・技術的分野で働いている方が19％です。この専門的・技術的分野の方だけが入国に際して、就労先の仕事と就労する能力がマッチしているかどうか、就労予定職種にふさわしい経歴と資格を持っているかの審査があります。ほかの在留資格である技能実習や資格外活動、永住者、定住者の場合は、入国時に就労能力を持っているか否かの審査を受けずに日本に来て働いている人ということになります。

第2部　パネルディスカッション

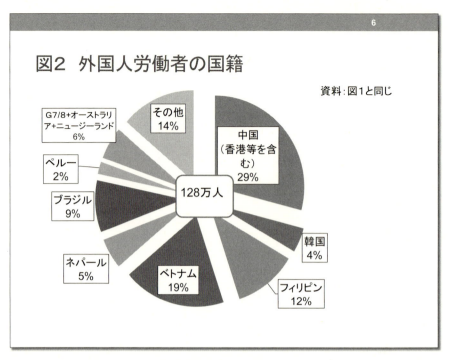

図2　外国人労働者の国籍

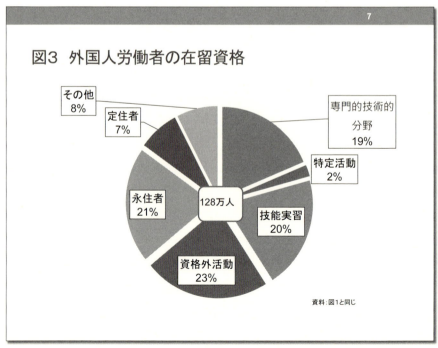

図3　外国人労働者の在留資格

> ## 在留資格から見た課題
>
> - 就労許可を持つ労働者のカテゴリーで就労している人の割合が少ない
> - 資格外就労 （留学生）　　2割
> - 技能実習生　　　　　　　　2割
> - 専門的技術分野　　　　　　2割　（就労資格の審査あり）
>
> - 在留資格の管理は、外国人労働者管理とは異なる
>   ➡ 建前では外国人労働者を受け入れていないから

　厚労省の「外国人雇用状況の届出状況」という統計報告では、「労働者」というカテゴリーに分類されていますが、この統計の対象者である外国人労働者は、在留資格上の労働者のカテゴリーとは異なります。就労能力による分類ではなく、資格外就労、留学生という形で働いている人、技能実習というカテゴリーで働いている人がそれぞれ2割ずつで、就労資格の審査のある専門的・技術的分野の就労者の割合はわずか2割ということになります。日本は建前では外国人労働者を受け入れていないので、その他のいわゆる技能実習生、あるいは留学生という形で労働者の供給を行っているのが現状です。

不法就労者を増加させないためにはどうしたらいいか

　次に、現在の外国人労働者の受け入れ方にどのような問題があるかを見てみましょう。短期的には働いているという事実と在留資格との間にミスマッチがあること、長期的には少ない不法就労者を外国人労働者が増加した場合でも低く抑えていけるかどうか、ということです。
　現在、外国人労働者の受け入れ在留資格で2割を占める外国人技能実習制度に

不法就労者の増加を防ぐという課題

- 外国人労働者の失踪問題
  就労職種の制限、滞在期間の制限、賃金の据え置き
  ＝労働移動の制限があることが普通

- その原因は？
  よりよい雇用機会を求めて／ 賃金の高い仕事を求めて
  帰国を拒否して／ 雇用主の横暴から逃れて
  （日本人にとっての転職が外国人労働者にとっては失踪）

- 失踪者、資格外就労者の増加を防ぐには??
  （労働者の人権を保障しつつ在留管理を徹底できるか）
  人権＋管理コスト（税金から拠出）
  （日本人の雇用機会を奪うという間接的な問題ではない）

長期的な課題:移民受け入れ諸国に見る問題

- 低賃金職種への外国人労働者の固定化
  国内労働者が集まらない職種に外国人労働者を導入
  社会的上昇移動の可能性が小さい

- 世代を超えた階層間格差の固定化
  第2世代、第3世代の問題 ➡ 比喩： 時限爆弾

- 社会全体の階層間格差が、エスニシティ問題として出現している

- ナショナル・アイデンティティを人為的に構築する必要
  例　英国人らしさ(Britishness)とは何か？

  2002　諮問委員会を設立
  「イギリスの成員資格が出自、文化、信仰を肯定的に包摂するものであってほしい」　実用的知識＋言語能力

は、失踪問題があります（図：不法就労者の増加を防ぐという課題、56ページ上）。この制度では外国人労働者を受け入れるに当たって、就労職種と滞在期間を制限し、また賃金を（多くは）最低賃金にとどめたまま労働移動を制限しています。「今の職場が気に入らない」「もっと賃金の高いところに仕事が欲しい」「決まった期間しか在留できないので、もっと長く日本にとどまっていたい」、あるいは「ブラック企業で雇用主が横暴だから逃げたい」など、いろんな理由があって、技能実習生にとって失踪が一つの選択肢になっています。日本人ならば、辞めて別の会社に行くのが普通ですが、外国人労働者にとっては「失踪」ということになり、入管難民法違反につながっていきます。

こうした資格外就労や失踪者を防ぐにはどうしたらよいかというと、労働者の人権を保障しつつ、在留管理を徹底するという具体的な問題を解決しなければなりません。労働者の人権を守ることと管理をきちっとするためには、管理コストが非常にかかります。普通、外国人労働者を受け入れるというと「日本人の雇用機会を奪うのではないか」という話になりますが、それ以前に、不法就労者を増加させないためにはどうしたらよいかという、とても具体的な問題が持ち上がってくるわけです。

移民受け入れとエスニシティー文化が大きな課題

日本の場合、外国人労働者の話は景気がいいときに人手不足だから入れようという話で、それほど深刻ではない。ヨーロッパ、アメリカでの移民問題は、景気が悪いときに大きく持ち上がる。「彼らが来るから俺たちの雇用機会が奪われる」と、深刻で陰惨な問題になっています。日本はまだ外国人労働者に頼っている割合が低いので、深刻な社会問題とは程遠いですが、外国人労働者を受け入れるに当たっては、やはり不法就労者の問題を抜きにしては考えられないでしょう。

長期的な問題ですが、日本は長期的な移民というのを受け入れていません（図：長期的な課題：移民受け入れ諸国に見る問題、56ページ下）。海外の事例を見ますと、外国人労働者を低賃金職種に固定化し、国内労働者が集まらない職種に積極的に受け入れていますので、学歴や言語の問題からいうと社会的上昇の可能性が小さい。結果として、第1世代は決心して渡ってくるし外国に行くだけの

度胸と能力があるのですが、第2世代、第3世代になりますと、国内の人と同じ教育を受けて能力を持っているのに、なぜセグリゲート（分離）されているのかという問題が発生しています。比喩として時限爆弾、あるいは「ホームグロウン（自国育ち）・テロ」という言い方があって、テロが海外から来るのは分かるけど、国内でテロ要員を育成しているのは自分たちの社会じゃないか、という深い反省があるわけです。

社会全体の階層問題は、エスニシティー（民族性）問題として出現しています。移民受け入れ国が悩んでいるのは、ナショナル・アイデンティティーを人為的に構築する必要があることです。「英国人らしさ」とは何かというのが比喩の問題ではなく、イギリスの成員資格が出自、文化、信仰を肯定的に包摂するものであってほしいので、諮問委員会を設立して、その内容を何にしたらいいかということを話し合っています。

日本はまだ、そこまで長期的な問題に直面しておりませんが、移民受け入れの問題とエスニシティー文化の問題は長期的に大きな課題になると思います。

松本 ありがとうございました。一つ質問ですが、政府は骨太方針を打ち出していますが、日本で働く外国人労働者が急速に増えると上林さんは思われるでしょうか？ 韓国やタイなど外国人労働者の招請に熱心な国もあると聞いていますが、ご意見を伺いたいと思います。

上林 外国人労働者が増えるかどうかは、短期的には基本的に景気問題なので、今後、景気が悪くなれば増えないだろうし、良くなれば増える。長期的には増えると思います。その長期的な問題と短期的な景気変動の問題を、どういうふうにすみ分けて考えていくのかは非常に難しい問題です。

タイも韓国も外国人を受け入れていますが、同時に外国へ人を出している国です。産業の発展の度合いによって、出すことも受け入れることもする。日本は産業構造が高度化していますので送り出している人数は少ない。人数が少ないことは残念に思っています。若い人に「外へ出て勝負する」という気概が薄くなっている気がします。量的には景気の問題だと思います。

松本 ありがとうございました。政府は外国人労働者の受け入れ、拡大と並び、AIやロボットを活用した「第4次産業革命」が人手不足の救世主になり得ると考えているようです。経済産業研究所の岩本さんに、「AIと人口急減社会」をテーマにお話しいただきたいと思います。よろしくお願いいたします。

AIと人口急減社会

岩本 最初に結論から申し上げたいと思います。テクノロジーの進歩は人間の労働構造を変えてきましたし、今後も変え続けると思います。それは非常に複雑な面を持っています。デメリット、メリット、仕事を奪ったとか、解放したというだけではなく、そこで人間が働いているという非常に複雑な社会現象なので、多面的に見ないといけないと思います。

　AIが人口急減社会で大きなメリットを生み出すのは、ミクロレベルから言いますと、労働力の「量の減少」「需給のミスマッチ」「高齢化」を緩和する方向に作用するケースで、これは現場が受け入れを歓迎する形です。例えば、日本人が働きたくない職を機械が代替するとか、若者が働きたい職を創出して雇用を生み出す、あるいは高齢化による技能低下を機械が補う、などの面があります。マクロレベルで言いますと、AIが労働投入寄与度の減少を上回るイノベーションを生み出し、潜在成長力を高めて好景気を生み出すというケースが考えられると思います。

　これまで世界中で何百本という論文が発表されました。それらの研究成果を踏まえて、大体、世界中の研究者の中でコンセンサスが取れています。今後の大まかな動向を総括しますと、これから機械の代替が進むのはルーティン業務の事務職です。それはロジックに基づいているので簡単にプログラム化できます。今、日本でこの業務を担っているのは、非正規雇用・女性なので、これから大量解雇が発生する可能性があります。低スキルの職は今後も機械が順次導入されて重労働からの解放が進みますが、人間を100％代替する機械が発明されると職が失われ始めます。ですが、それがいつの時点になるかというのは、まだ推定されていません。

　機械にできる仕事は機械に任せて、人間は人間でなければできない仕事に特化

第2部 パネルディスカッション

人工知能（AI）と人口急減社会

於　日本プレスセンター

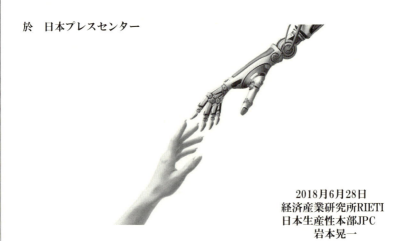

2018月6月28日
経済産業研究所RIETI
日本生産性本部JPC
岩本晃一

テクノロジーの進歩は、これまで人間の労働構造を変えてきたし、今後とも変え続ける。それは、ある人にとってはメリットかもしれないが、ある人にとってはデメリットかもしれない、という両面が存在。

また同じ現象であっても、仕事を奪ったのか、苦役から解放したのか。

人工知能（AI）が人口急減社会において大きなメリットを生み出すケース

1　ミクロ；人工知能（AI）が、労働力の「量の減少」「需給のミスマッチ」「高齢化」を緩和する方向に作用するケース（現場がAI導入を歓迎）

 ー　日本人が働きたくない職を機械が代替する
 ー　若者が働きたい職を創出し雇用を生み出す
 ー　高齢化による技能の低下を機械が補う　　など

2　マクロ；人工知能（AI）が、労働投入寄与度の減少を上回るイノベーションを生み出して潜在成長力を高め、好景気を生み出すケース（経済成長に寄与）

していくというのが、これからの時代です。そのために、常に私たちは自己スキルを磨き続けるように研さんしなければならないと思います。日本経済にとって最も大きな期待は、AIが新しい産業を生み出し、若者に魅力的な雇用を創出することです。

最初に「フレイ&オズボーンの推計」を説明しないと話が進まないと思います。それから日本の現場はどうなっているかという実態を調べ、今後の人材育成、これからどうすればいいかという対応策の順に進めていきます。

岩本晃一氏

フレイ&オズボーンの推計

2013年、フレイ&オズボーンは非常にショッキングな数字を発表しましたが、この分野の研究の世界的な火付け役という意味で、私は高く評価しています。その推計値は、世界中から出された推計値の中で、一番極端な数字です。それは、「米国の雇用者の47％が今後10～20年の間に代替リスク70％以上」というものです（64ページ上の図参照）。横軸にアメリカにある702の職業について機械で代替できる可能性を0から1まで並べ、縦軸にその職業の労働人口を取ったものです。右端の「機械で代替できる可能性が70％から100％のところにアメリカの労働人口の47％がいる」というのが彼らの推計です。2年前に、マイケル・オズボーン英オックスフォード大准教授が来日したので根掘り葉掘り聞いたのですが、要は技術的な可能性を示しただけで「雇用が増える場合を一切、考慮していない」と言いました。一つの前提ではありますが、これがとても荒い推計値であることが分かりました（64ページ下の図参照）。

「47％」という数字が本当かと疑問に思ったのは、私だけではなく、ドイツ政

世界中の研究成果を踏まえ、今後の動向を大まかに言えば、

1　ルーティン業務の事務職は、機械への代替が進む（＊）。非正規雇用・女性の大量解雇が発生する可能性。

（＊）人間が行うには長期の訓練を必要とする職であっても、ロジックに基づく業務であれば、簡単にプログラム化できる。

2　低スキルの職は、今後とも機械が順次導入されて重労働からの解放が進むが、ある時点で人間を100％代替する機械が発明されると、職が失われる。

3　機械に出来る仕事は機械に任せ、人間は、人間でなければ出来ない仕事に特化していかなければならない。そのためには、常に自己スキルを磨き続けなければならない。

4　日本経済にとって、最も大きな期待は、AIが新しい産業を生み出し、若者にとって魅力的な雇用を創出することである。

内容

1　フレイ＆オズボーンの推計

2　日本の現場の動向・実態

3　人材育成の動向

4　AI時代に備えた対応策

5　結び

1　フレイ&オズボーンの推計

> 「雇用の未来」に関する主要論文等の数は恐らく100本を超えていて、細かいものまで含めれば数百本の可能性。
> そのなかで、フレイ&オズボーンは、世界的な研究ブームの先陣としての役割は評価できるものの、その推計値は最も極端な値。

府も同じことを思いました。そして、「アルバイテン4.0」という国家プロジェクトを実施し、47％ではなく9％であると出したわけです（65ページの図参照）。なぜこんなに大きく違いがあるかというと、フレイ&オズボーンは、職（ジョブ）レベルでの代替可能性を見ていたわけです。

　ドイツの研究が始まって以降、この分野の研究では「タスク」という概念を新たに導入しました（図：職（Job)、仕事（Work) and 作業（task)、66ページ上）。一つの職業の仕事を細かくタスクに分解し、一つ一つのタスクがいつロボットに代替されるかを細かく調べ、100％代替された時点で「その職業はロボットに代替される」という細かい計算をしました。それによって「9％」という数字が割り出されます。フレイ&オズボーンの図では両側が高くなっていましたが、この計算ですと真ん中が高い図になって、機械代替可能性が70％以上の労働者は47％ではなく9％だというのが分かると思います。さらに、経済協力開発機構（OECD）は専門家を集め、全ての国ごとにこの数字を計算しました（図：労働者の約半数が機械代替リスク中程度の職業に従事、66ページ下）。アメリカは9％、OECD平均も9％で、今の世界の研究者の間では、この「9％」が正し

第2部　パネルディスカッション

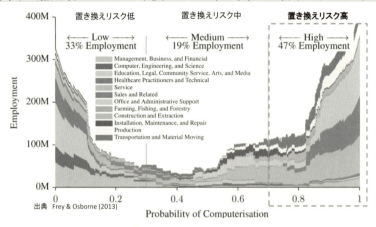

米国の雇用者の47%が今後10〜20年の間に代替リスク70%以上

アメリカの職業データベース(O*NET)にもとづき，アメリカに存在する702の職業について，機械への置き換わりやすさ（自動化可能性）を算出

©2017 Aya Hatano

2016年10月、来日時にインタビュー；

「技術的な可能性を示しただけ」「雇用が増える部分は一切考慮せず」と回答

「技術的な可能性を示しただけ」

＝例えば、自動運転技術が実験室レベルでも開発されると、50年後か、100年後か、いつかはわからないが、全ての運転手が100%機械に代替される日がやってくる可能性がある。

「雇用が増える部分は一切考慮せず」

＝同氏の推計は、あくまで現時点での時間断面で切ったとき、米国に現存している労働者が、将来、どうなるか、を推計したもの。
今後将来、新しい産業が興り、新しい職業が生まれ、新しい雇用が創出される分については、考慮していない。

マイケル・オズボーン准教授，オックスフォード大学

い数字だというのが常識です。

日本はまだルーティン業務を人が担っている

　オーターという研究者がアメリカで、職業をロースキルからハイスキルまで並べ、雇用者の増減を10年置きに取りました（図：スキル別職業の割合の10年毎の変化、67ページ）。中スキルの部分の雇用者が減り、ハイスキル、ロースキルの雇用が増えているのが分かると思います。それを抽象的に描いたのがこの図（雇用が増えてきた業務、68ページ上）です。中スキルのルーティン業務が減少し続け、しかも雇用が失われる境界がハイスキルの方に移行しているというのが過去40年の実績です。

　OECDはそれを各国別に描いてみました。アメリカは「ミディアム・ルーティン」、すなわち中スキルのルーティン業務が減っています。いわゆる中スキルの雇用を大量に解雇、リストラし、機械化に投資したわけです。ハイスキル、ロースキルの雇用は増えています。後で述べますが、国際通貨基金（IMF）はア

第2部　パネルディスカッション

職(Job)、仕事(Work) and 作業(task)

ZEWの研究の内容 ；
1つの職業(Job)は多くの作業(task)から構成されている。どの作業が、どの技術で、いつ頃、機械に代替可能か、検討した。

例「売り子」；

「売り子」という職(Job)

「売り子」の仕事(Work)　　以下の一連の作業全て

客に笑顔で笑う。
いらっしゃいませという。
商品を説明する。
価格を伝える。　　　　　　　　仕事(Work)
お金をもらう。
商品を渡す。
お釣りを渡す。
お礼を言う。
↓
1つずつの作業(task)に分解

OECDレポート(2016)

労働者の約半数が機械代替リスク中程度の職業に従事

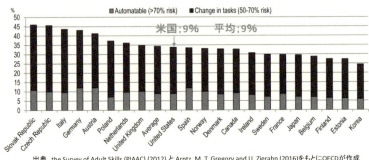

出典　the Survey of Adult Skills (PIAAC) (2012) と Arntz, M. T. Gregory and U. Zierahn (2016)をもとにOECDが作成

- 平均すると、自動化によって失われるリスクが高い仕事の割合は9%（オーストリアで12%、ドイツ・スペインでは6%、フィンランド・エストニアではそれ以下）→図中の灰色バー参照
- 自動化のリスクが中程度の仕事でも、タスクの50～70%は機械に代替される。仕事の遂行方法が大きく変化するため、労働者はその変化に適応する必要がある。→図中の紺色バー
- 低水準の教育を受けた労働者の40%は、自動化によって消失する仕事に従事している。ほぼ全ての国で、教育水準の低い労働者は機械に代替されるリスクが最も高い

©2017 Aya Hatano

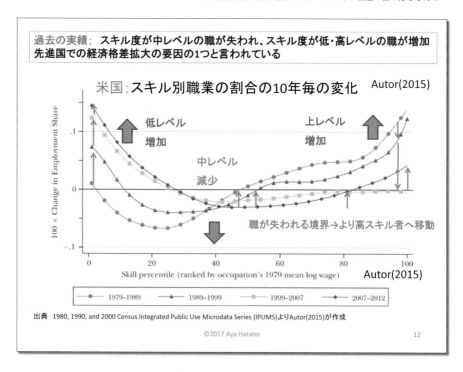

メリカで起きている経済格差の一番の原因は、この情報化投資によるミディアム・ルーティンの大量解雇だ、と結論付けています。

　これに比べ、日本はほとんど変化が起きていない。なぜこんなに変化が起きてないかを、企業の人事部長や労働組合が参加する講演会で、逆に私から皆さんに質問しました。日本は雇用を守るため、本来なら機械化すべきところに、現状維持で人間を充てて生産性低下を招いているのではないか、というのがその時の結論でした。これ（図：Difference in Job De-Routinization in OECD Countries：Evidence from PIAAC、70ページ上）は、「Routine（ルーティン）」の数字が大きい方が、その国にルーティン業務がたくさん残っているという数字です。日本にはまだまだ残っていて、アメリカにはほとんどない。アメリカはルーティン業務を担う労働者の大量解雇を進めた一方、日本はまだルーティン業務を人が担っている、というのが分かると思います。

　なぜこうなっているかですが、日本はアメリカに比べて情報化投資が極端に遅れている。日本には「非正規雇用」という非常に安い労働力が大量に存在していたので、情報化投資よりも非正規雇用を雇った方が安くなる。アメリカはルーテ

第2部　パネルディスカッション

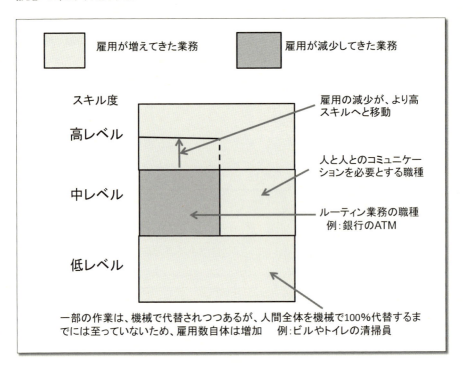

 OECD分析

国別傾向　米国 ； 中スキルの減少及び高・低スキルの増加が大きい
　　　　　　技術進歩にそのまま雇用を合わせて推移したものと思われる
　　　　　　米国における経済格差拡大の要因の1つとされている

＊日本・EUでは、中スキルの非ルーティン業務の雇用は増えているが、米国ではこの領域でさえ雇用が減少している。何という労働者に冷たい国であろうか。

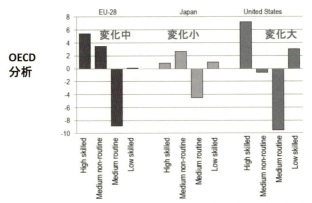

> 日本 ： 現状維持の傾向が強く、機械で代替できる部分で人間が働いていたり、高スキル人材を養成していない。
>
> 技術進歩に対して雇用状態が合っていないため、生産性低下、企業競争力低下を招いているのではないか。

雇用を守るため、機械化による効率化よりも人間による非効率な仕事を温存している可能性

→ 順送り人事、過去と同じ業務の繰り返し、働き方の現状維持

日本の風土のなかで、米国のような雇用変化が人間の幸せにつながるかどうかわからないが、技術進歩にもかかわらず、雇用の現状維持を続けることは、企業のイノベーションの足を引っ張り、生産性の低下、競争力低下につながり、米国企業などとのグローバル競争に負ける要因の1つにはなっている。

その結果、大量リストラに至る可能性がある。

ィン業務を担っている労働者をリストラし、情報化投資をして機械が代替し、日本では非正規雇用を大量に雇用していた可能性があります。情報化投資のコストはどんどん下がっていくわけですから、ある時点で情報化投資コストが非正規雇用の労働コストを下回る可能性があります。その時点で、日本で非正規雇用、すなわちそこそこの学歴を持った女性の大量失業が発生する可能性があると予測しています。

ドイツのアルバイテン4.0プロジェクトでは、ミュンヘンにあるBCGによると、2025年までにドイツ国内で35万人の雇用増の予想です。先ほどの予測は増える部分を一切、考慮していなかったのですが、考慮した結果、ドイツでは減る職業よりも増える職業の方が多いという推定結果が出ています。ドイツ政府の研究所であるIABによる将来の雇用推計値はアルバイテン4.0プロジェクトの決定版といえるもので、「増える雇用と減る雇用はほぼ同じ」というのがドイツ政府の最終的な結論です。

第2部 パネルディスカッション

Differences in Job De-Routinization in OECD Countries: Evidence from PIAAC

Table 2. Task measures by countries.

	RTI	Routine	Abstract	Manual
Korea	0.44	0.72	-0.09	-0.01
Italy	0.43	0.36	-0.45	0.00
Russia	0.39	0.62	-0.09	-0.02
Japan	0.26	0.08	-0.12	-0.28
France	0.23	0.15	-0.17	-0.11
Slovak Republic	0.22	0.10	-0.29	-0.02
Poland	0.13	0.06	-0.23	0.04
Spain	0.11	-0.06	-0.26	-0.02
Netherlands	0.09	0.06	-0.03	-0.09
Belgium	0.07	-0.05	-0.04	-0.13
Estonia	0.07	-0.13	-0.22	-0.03
Czech Republic	0.00	0.03	0.01	0.02
Ireland	-0.06	0.05	0.12	0.05
Austria	-0.09	-0.23	-0.11	0.03
Germany	-0.12	-0.18	0.01	0.03
Canada	-0.15	-0.21	0.13	-0.07
Sweden	-0.16	-0.28	0.04	-0.03
Great Britain	-0.16	-0.09	0.25	-0.03
Norway	-0.18	-0.23	0.13	-0.02
Denmark	-0.22	-0.35	0.04	0.03
Finland	-0.23	-0.38	0.30	-0.24
United States	-0.39	-0.35	0.21	0.18
Mean	0.00	0.00	0.00	0.00
Standard Deviation	1.00	1.00	1.00	1.00

Sara De La Rica
University of the Basque Country, FEDEA and IZA

Lucas Gortazar
University of the Basque Country and World Bank

Discussion Paper No. 9736
February 2016

IZA
P.O. Box 7240
53072 Bonn
Germany

$$RTI_i = R_i - A_i - M_i$$

2015年9月 ； Man and Machine in Industry 4.0, The Boston Consulting Group in Munchen　2025年までにドイツ国内で35万人の雇用増が予想、

- 雇用が増加する職種例
  - IT、データインテグレーション ─── 11万人増(現在の労働者数から+96%)
  - 研究開発、ヒューマンインターフェースデザイン ─── 11万人増(現在の労働者数から+28%)
- 雇用が減少する職種例
  - 生産 ─── 12万人減(現在の労働者数から-4%)
  - 品質管理 ─── 2万人減(現在の労働者数から-8%)
  - メンテナンス ─── 1万人減(現在の労働者数から-7%)

特に増減が大きい職種

増加分野；開発、デザイン、データサイエンティストなど

減少分野；生産現場

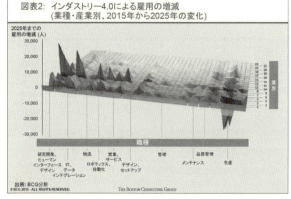

図表2：インダストリー4.0による雇用の増減
（業種・産業別、2015年から2025年の変化）

人口急減社会で何が起きるのか―メディア報道の在り方を考える―

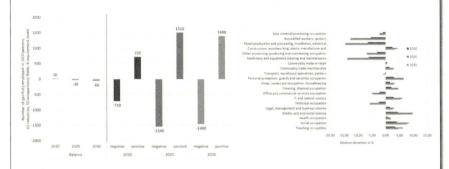

（図表　）Enzo Weber et.(2016),IABによる将来の雇用推計値
出典）Enzo Weber et.(2016), Economy 4.0 and its labour market and economic impacts, IAB-Forschungsbericht 13/2016, 27 December 2016

デジタル技術導入で雇用が増えている

　これから AI が進むにつれ、「ルーティン業務の事務職」の大量解雇が進むとされています。国連開発計画（UNDP）や世界経済フォーラム（WEF）の推定も、これから女性の大量解雇が始まると予想しています（図：AI 時代のジェンダー問題、男女別雇用の増減予測、72ページ）。日本では女性の社会進出が時間をかけて行われてきたのですが、AI が進むことによって一気に逆戻りしてしまうという可能性を含んでいるわけです。

　これ（図：通商白書2017、74ページ）は、IMF の「アメリカの経済格差の一番の原因は情報化投資である」という結論を、通商白書が再確認したものです。ジニ係数をみると、アメリカは情報化投資が進むに従い、ものすごい勢いで経済格差が進んでいます。日本の場合はミディアム・ルーティン部分の解雇が進んでいないため、まだジニ係数は一定を保っています。

　日本の現場にはデジタルシステムを導入し、成果が出ているという大企業が非

71

第2部　パネルディスカッション

■ AI時代のジェンダー問題

> you can see the dire prediction that comes from that unequal representation: more women's jobs will disappear than men's.

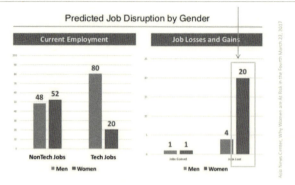

Source ; From Santiago: Gender Equality and the Fourth Industrial Revolution in Santiago, Chile. This event is held by UNWomen, UNDP, the government of Chile, and the ILO. I have been asked to speak about the coming "Fourth Industrial Revolution" and its anticipated impact on women.

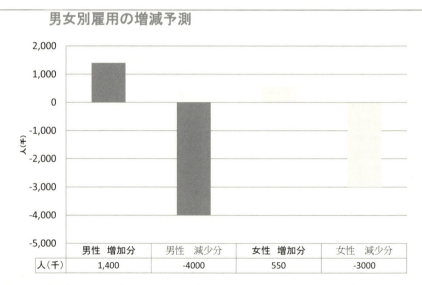

男性：約400万人減↓　約140万人増↑… 3人分の減に対し、1人分の増
女性：約300万人減↓　約55万人増↑… 5人分の減に対し、1人分の増
図出典：WEFWEF, "The Industry Gender Gap: Women and Work in the Fourth Industrial Revolution" (2016, p.6)より横山美和作成

72

常に少ないので、アポを取って実際に現場を見て話を聞いて回りました。その総括をしたものがこれです（図：調査結果の総括、75ページ）。今のところ、少子高齢化で熟練作業員が不足した部分を機械が補うという形だったり、多品種少量生産が増えて人間の負荷が増加しているので、人間をエンパワーする目的で導入したり、現場も管理したりします。

1990年代には省力化投資が盛んに行われていました。今は機械とか人間に任せられる仕事は人間に任せよう――「人と機械の調和」と呼ばれていますが――そういう形の導入です。「熟練作業員が減って広い工場で何かあっても誰も気付かない。安全を守るために採算度外視で背に腹は代えられない」という発想の大企業幹部もいました。これが今、日本で進められているデジタル技術の現実であると思いますが、このまま続くかどうかは分かりません。

サンプリングですが、日本の産業全体でどういう傾向かを1万社を対象に私どもでアンケートをしました（図：日本企業全体の動向、76ページ）。その結果、新しいデジタル技術を導入することで「雇用が増えた」のは43社、「雇用が減った」は34社です。日本の場合、現時点ではデジタル技術を導入することで雇用が増えています。効率化が進んで、雇用が減って、それから新しい産業が生まれて雇用が増える、というのが世界の論文で予測された報告ですが、これに反して、まず雇用が増えている。日本の産業界でこの傾向が続くかどうか、ずっとフォローしてみないと分からないので、2年置きに定点観測しようと思っています。

人材育成の動向

最近、日本のメガバンクが情報化投資を進めることによって、いわゆるルーティン業務の事務職をリストラしていく方針を発表しています。「人的リソースをコア業務にシフトするAIを活用した『RPAシステム』」（78ページ上）は、日立が最近発表した有名なシステムです。この説明を読むとルーティン業務の事務職をAIが代替する商品で、こういう新商品が既に日本の企業から発売され、日本の会社に導入されていく時代に入っていることを紹介したいと思います。

技術進歩が激しいときには将来を考えるための研究開発投資、人的投資が大事になるはずですが、どういうわけか日本の企業だけがほかの先進国に比べて研究

第 2 部　パネルディスカッション

- 先進国の格差拡大の主な要因は技術革新（ICT投資）である。貿易は、むしろ教育政策等と共に、格差縮小要因となっている。
- なお、ICT投資の推進は、我が国の経済成長力の向上のために不可欠である。

IMFでは、1980年～2006年の先進国20ヶ国、新興国31ヶ国により構成される51ヶ国を対象にジニ係数の変化に関する要因分解を行った結果として、「格差に対する影響が最も強いのは技術革新」と結論付けている。

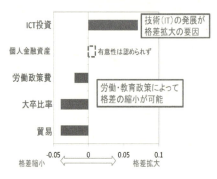

近年の格差拡大要因分析の結果

通商白書2017

平成29年6月27日
経済産業省 通商政策局

注：IMFの2007年の分析を参考に、分析期間(1980～2006)を2000～2014年に延長し、対象国をOECD23か国に経済産業省にて修正。
備考：横軸は各指標が1%変化したときの、ジニ係数の変化率を表す。

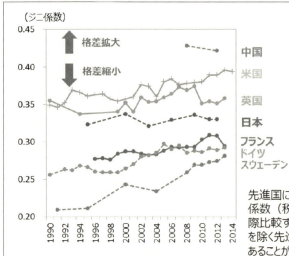

通商白書2017

平成29年6月27日
経済産業省 通商政策局

先進国における国内の格差を示すジニ係数（税・所得移転後）について国際比較すると、全体として見れば日本を除く先進国では格差が拡大傾向にあることが見てとれる。

資料：OECDstat.から作成。
備考：ジニ係数とは、所得や資産の分布の不平等度を表す指標の1つ。係数は0と1の間の値で示され、完全に平等なとき最小値0をとり、不平等度が大きいほど1に近づく。
注：中国のみデータの制約により、世界銀行から推計データ取得

> <調査結果の総括>：
>
> 人口減少・少子高齢化により現場の熟練作業員が不足し、その労働部分を機械が代替。
>
> 多品種少量生産が増え、人間への負荷が増しているため、人間を「エンパワー」するために、新技術が現場に導入され、現場も歓迎。
>
> 1990年代、日本は工場の機械化、自動化、省力化投資が盛んだったが、今は、機械（人間）に得意な作業は機械（人間）に任せようとの空気があり、それは「人と機械の調和」と呼ばれている。
>
> ある会社の幹部は「当社の新システムのコンセプトは、『人が中心』である」と強調。企業の競争力の根源である熟練作業員を大切にしたいという思いが込められている。
>
> ある会社の幹部は「熟練労働者が減ったため、広い工場内で、もし何かがあっても誰も気付かない。彼らの安全を守るためなら、採算性度外視、背に腹は代えられない」
>
> 以上が「日本型」と言えよう。
>
> 27

開発投資額が非常に少なく、しかも人材育成投資は大きなマイナスになっています（図：人的投資と研究開発等に関する各国の投資額変化、78ページ下）。人材育成投資がピークから比べて、今がいかに少ないかということです。中国、韓国からの外国人留学生は非常に多いのですが、アメリカの経営学修士（MBA）などへの日本からの企業派遣留学生は今、ほとんどいない。身近に感じられると思いますが、将来を考えるべき時代に企業の人材育成投資がここまで減って、日本の会社は大丈夫なのか大きな不安があります。

AI時代に備えた対応策

これからAI時代を迎えます。これまで行ってきた調査から導引される対応策としては、グローバル競争に日本が勝っていくための新しい時代を担うリーダーの育成です。あとは、機械ができることは機械に任せて、人間でなければできない仕事を担う人材の育成です。これは機械ができない前例のないこととか新しい創造的な仕事、コミュニケーション能力を必要とするようなもの。人間でなけれ

日本企業全体の動向：

当研究所では、2017年8月、1万社を対象にアンケート調査を実施。回収1360社。

IoT導入に伴う雇用変化の質問について回答のあった213社のうち、雇用増43社、雇用減34社。日本の産業界では、少なくとも現時点では、新しい技術の導入により、雇用が減少した企業数より、増加した企業数のほうが多い。

最も増えた職種は、「専門的・技術的職業」であり、その増加に伴って、彼らを管理する「管理職」と、同時に発生する事務を担う「事務職」も同時に増えている。この点は、世界の論文等では指摘されていなかった現象であるが、考えてみれば「専門的・技術的職業」は単独では存在しえず、当たり前である。

最も減った職業は、「事務職」である。

日本全体の傾向からいえば、専門職・技術職を大切にし、ルーティン業務の事務職を削減する方向でIoTが導入されつつある。

---

* 2013年にフレイ＆オズボーンが「雇用の未来」に関する推計値を発表して以来、世界中で数百本を超えるであろう論文等が発表された。だが、そのなかで、企業に対してアンケート調査を実施し、実態を調査したものは、筆者が知る限り存在しない。その意味では、今回のアンケート調査は、世界初と言えよう。また、日本で起きている社会現象の事実を世界に向けて発信する重要な情報とも言える。

「増えた」と回答した企業数より、「減った」と回答した企業数の方が9社多い。

世界中の論文等では、新しい技術の進展により、「ルーティン業務の事務労働」が機械に代替されるなど効率化・合理化されるため、まず一旦、雇用が減り、その後、新しい技術の時代に相応しいスキルを持った若者が出現し、雇用者が増えてくると予想している。

ところが、少なくとも本アンケートから理解される範囲では、日本では、そうした論文等の予想に逆行し、まず、雇用が増えるところからスタートしている。

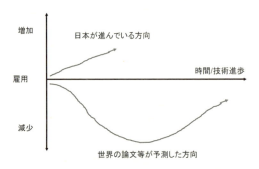

ば仕事にならない人材を育成していかなければならないと思います。

　3番目ですが、これまで日本では現場の熟練作業員を大切にしてきた歴史があります。熟練作業員がやってきたいろんなデータを見て対策を考え、改善をしていく。その部分をAIが担う、という時代がすぐそこまで来ています。ドイツでは深刻な問題となっていますが、日本ではまだそれほど深刻な問題として扱われていません。日本がどうするかをこれから考えないといけない。アンケートからも、銀行金融業ではこれからルーティン業務の大量リストラが始まります。そういったところで解雇の対象になる非正規雇用、そこそこの学歴を持った女性の雇用問題が大きな課題になってくると思います。

　IMFが指摘していますように、アメリカの経済格差の一番の原因は、情報化投資でミドルルーティンの解雇が発生したことです。日本でも情報化投資コストが非正規雇用の労働コストを下回った時点で非正規雇用の大量解雇が発生し、アメリカで起きているような経済格差が起きる可能性がありますので、そこをどうするかがこれからの課題になってきます。

　結びですけど、40年前に今の人口減少社会が非常に正確に予想されていながら、何も手を打ってこなかったという、じくじたる思いがあります。デジタル技術の進歩で雇用がどういうふうになるかは、これまで世界中で発表された何百本という論文で、ほぼ正確に予想されています。対策もある程度出てきています。アメリカ、ドイツといった先進国では既に政府が対策していますが、日本だけがほとんど何も手を打っていない、ということで終わらせていただきたいと思います。

松本　ありがとうございました。一つ岩本さんに質問させていただきたいのですが、AIやロボットの積極導入によってイノベーションが起これば、日本経済は成長できるかもしれません。しかし、新しい技術は労働力を代替しますので、人手不足で上昇しつつある賃金が今度は低下に向かうかもしれないわけです。第4次産業革命を進めるならば、同時に中間層などへの手厚い所得分配政策などが必要になるのではないかと思いますが、いかがでしょうか？

岩本　情報化投資のコストが労働コストを下回るようになれば、多分アメリカと同じような経済格差が日本でも出てくるだろうというのが私の予測です。その際、

第2部　パネルディスカッション

人間のルーテイン業務を代替するAIが販売開始された。

人的リソースをコア業務にシフトする AIを活用した「RPAシステム」

労働力人口の減少と業務のデジタル化が進むなか、さまざまな企業が「働き方改革」の一環として、従業員を長時間残業や単調な作業から解放する「定型業務の自動化」に期待を寄せています。そこで日立はAIとソフトウェアロボットを活用し、組織の生産性とコスト削減を支援するRPA※1システムを提供しています。

※1 Robx

従業員一人ひとりの業務内容を見直すと、決して本質的ではない定型業務に多くの労力を割いている実態に行き着くケースもあります。

システムなどで代替のきく定型業務をそぎ落とし、人的リソースをより高付加価値な業務に集中させることで、生産性と競争力を高めていく努力が重要です。

そこで注目されているのが、AIやソフトウェアロボットを活用し、人が行った作業をシステムに再現させ、作業の自動化を支援するRPAです。日立は長年にわたるAI研究開発の歴史のなかで、文字・画像・音声・言語・人行動などの認識技術を活用し、人が行う作業を高度に自動化する、さまざまなソリューションを開発してきました。

出典）はいたっく　2018年4月

● 我が国の技術力や現場力を活かし、人間本位の産業社会を創り上げ、様々なつながりによる新たなビジネスモデルを創造するには、欧米に比べ小さい「人的資本投資」の促進が求められる。第4次産業革命を見据えた、異分野からの人材獲得投資やAI・IOT等の人材育成が重要である。

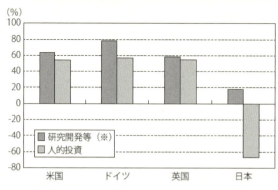

人的投資と研究開発等に関する各国の投資額変化
（2000年→2010年）

我が国企業は、バブル崩壊以降に研修費を削減し始め、金融危機以降に更にリストラのために研修費を大幅に削減していった。また、定型的な仕事を非正規労働者で賄うようになったことにより、企業内教育のインセンティブが低下した可能性がありうる。

通商白書2017
平成２９年６月２７日
経済産業省 通商政策局

資料：INTAN-Invest及びJIPより経済産業省作成。
備考：「研究開発等」には、科学・工学分野における研究開発、資源探索権、著作権・ライセンス等、他の商品開発・デザイン・調査が含まれる。

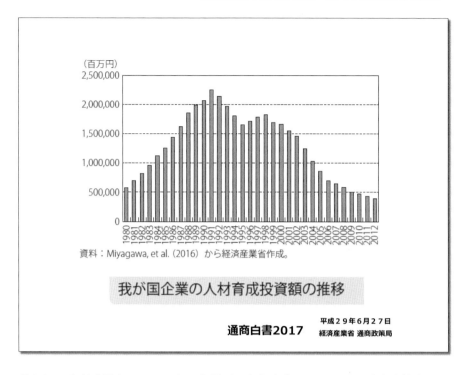

果たして分配政策をやるのかという問題があります。アメリカは分配政策をしていないので、テレビなどでよく言われていますが、一握りの金持ちや一握りのもうかっている会社にものすごくお金が集中している。それはその会社の再投資を通じて、会社の競争力に貢献しているわけです。アメリカの強い会社がますます強くなって日本に攻めてきています。皆さんが買っているいろんな情報化機器は、ほとんどアメリカ製だと思います。アメリカ企業はもうけたお金で再投資をして日本に攻めてきて、日本の電機産業をつぶしていったわけです。

　日本が所得分配をして、もうかっている会社からお金を奪って企業の競争力をますます弱くし、アメリカの企業と本格的に戦えるのかという問題があります。日本が分配政策をやるのかどうか、どっちがいいのかは、正直なところよく分かりません。もし分配政策をするとしても、その手法をどうするかとなりますが、ベーシックインカムという方法を主張される方もいますし、反対される方もいらっしゃいます。私はベーシックインカムに消極的な方ですが、その手法をどうするのか。今の税制強化で大丈夫なのか、また新しい分配政策との関係といった問題もあり、その二つの問題を考えなければいけないと思います。

<u>導出される社会政策：</u>

1) 第4次産業革命という新しい時代を牽引し、世界とのグローバル競争に勝つためのリーダーの育成。

ドイツでは、ミュンヘン工科大学やミュンヘン大学でデータサイエンティスト修士課程を出た若者が、企業のなかで幹部となり、やがて役員となって、企業を牽引することになるだろう。

2) 人間でなければできない仕事を担う人材の育成。

具体的には、過去の前例を「学習」し判断するといった過去の前例の延長線上にある判断やルーティン業務はAIに代替。

①過去に前例のない事柄や新しい創造的な仕事
②デジタル機器を使いこなして、データ分析をしたり、科学的な経営のサポートをする人材
③コミュニケーション能力・対人能力を持った人材
④AIを継続的にバージョンアップし続けるため、AIを超える能力を持った専門家が、今後、必要とされている。

3) 日本はこれまで現場の熟練作業員を大切にしてきた歴史があり、今、現場に導入しつつある新しいシステムも、彼らを最大限活かす内容となっている。

新しいシステムは、基本的には「見える化」までであり、データを見て、対策を考えるところは依然として熟練作業員が担っている形となっている。

だが、現場では、過去の前例を「学習」し、計測されたデータを見て、判断するといった過去の前例の延長線上にある作業は、遅かれ早かれやがてAIに代替されていく．現在、熟練作業員が担っている業務の多くが機械に代替される日はすぐそこまで来ている．

ドイツでは、ものづくりの現場を支えてきた熟練作業員をどうするのか、深刻な課題として捉えられている．ドイツでは、新しい技術が導入された際、これまでの古い技術の下で働いていた労働者の雇用を守るため、新しい技術の下で働けるよう、再教育・再訓練する必要性の認識が高まっている．

日本でも、まだ熟練作業員が働く意欲まんまんのところに、彼らに代替可能な人工知能が発達してきたら、一体、どうするのか、考えておかないといけない。

> 4）　アンケート結果からも、銀行金融では事務部門の解雇が進んでいることが明らかとなった。銀行金融では、雇用が増えることはなく、常に雇用は削減の方向である。折しも、最近、メガバンクが情報化投資を行い、大量の人員削減を発表した。
>
> 世界の論文等が予想している「ルーティン業務の事務職」の削減は、雇用者のなかでボリュームが大きく、その大部分が女性であるだけに、これから女性の雇用問題が大きな課題となってくる。
>
> 5）　IMFが指摘しているように、IT投資は、経済格差を生み出す最も大きな要因だが、イノベーションは企業競争力の源泉なので、格差を防ぐためにイノベーションを止めることは本末転倒。
>
> IT投資を通じてイノベーションを図りながら、そこから生じる格差を縮小させるために、富の再配分をどうするか。

松本　ありがとうございました。さて、安倍政権は人手不足を補うため、高齢者と並んで、女性にもっと社会で活躍してほしいと呼び掛けています。さらに少子化を食い止めようと保育所の整備に力を入れるなど、働きながら子育てをしやすい環境を整えようとしています。それでも、先ほど河合さんが基調講演でお話しされましたように、出生率、出生数が向上していない状況です。『「居場所」のない男、「時間」がない女』の著者でもいらっしゃいます、詩人・社会学者の水無田気流さんにお話しいただきます。

「日本の結婚」の現状と課題

水無田　『「居場所」のない男、「時間」がない女』という本は、日本のジェンダー・セグリゲーション、性別分離と訳されますが――なんだか長くてロールプレイングゲームに出てくる呪文みたいな言葉ですけど――このジェンダー・セグリゲーションが非常に高い、日本社会の問題点について書いた本です。日本の男性は、仕事をしていれば居場所はあるように見えるのですが、OECD報告によれ

第2部 パネルディスカッション

人口急減社会で何が起きるのか
～メディア報道の在り方を考える～
「日本の結婚」の現状と課題

水無田気流

(2018/6/28)
公益財団法人新聞通信調査会
於・プレスセンターホール

「日本の結婚」は、ガラパゴス

日本の結婚の特徴	
法律婚と同居開始が同時	結婚＝出産

性別分業前提の出産育児	
夫・片働き	妻・専業主婦

結婚のハードルは高止まり	
「理想的な家族」パッケージ	現状との乖離

ば、「仕事以外の人間関係がほとんどない」か、「完全にない」という人が先進国で突出して多く、1位となっています。ありがたくない首位ですね。先進国で一番孤独で、お友達がいないのが日本人男性ということになります。これを、私は人間関係貧困、略して「関係貧困」と書きました。一方、女性はどうかと言いますと、確かに外で働く「有償労働時間」は男性よりも短いのですが、家事、育児、介護などのケアワークつまり「無償労働時間」と、外で働く「有償労働時間」を合わせた「総労働時間」は男性よりも長く、先進国で一番の働きバチ。つまり先進国で1番時間がない、「時間貧困」であることが明らかになりました。

　この差というのは男性、女性といった性差が、日本では個人のライフコースに与える影響が非常に大きいことの反映です。社会的なポジションや、所得に与える影響も大きい。端的に言って日本では、高卒男性の管理職者割合が女性大卒者よりも高いという、先進国でも特異な国になっています。学歴はその人が後天的に努力した結果、獲得する業績ですが、それよりも生まれながらの性差の方が、ライフコースや獲得する社会的ポジションに与える影響が強い。性差は生まれながらのもので、変更が利かず後天的な努力が報われない。これは当人の個性や適性が十分に生かされていないということでもあり、人材活用については非常にもったいない社会であると言えるわけです。

日本の結婚はガラパゴス

　このジェンダー・セグリゲーションの在り方が、日本の結婚の極めてガラパゴスな現状にも色濃く反映されています。端的に言って、日本ではこの旧態依然とした結婚観が少子化に加速をかけている可能性が否めないということで、こちらの図（「日本の結婚」は、ガラパゴス、82ページ下）をご覧ください。日本の結婚は、法律婚と同居開始が同時で、しかも結婚イコール出産という規範が非常に強く、出産するカップルは法律婚をすると大体1、2年以内に1人目をきれいに産んでいきます。

　当たり前じゃないか、と思う人がいるかもしれません。でも先進国で出生率を回復している国は、いずれも法律婚と同居開始、出産のタイミングはバラバラです。日本は今、女性の平均初婚年齢が29歳で、大体1人目を31〜32歳の間に産ん

でいきます。一方、出生率が回復している先進国の代表、スウェーデン人女性の平均初婚年齢は31歳ですが、平均第1子出産年齢は28歳です。法律婚によらなくてもカップルの同居の割合が非常に高く、サムボ法、同居法といいますが、これを活用することにより、法律婚によらなくても同居しているカップル間の権利は完全に保障されています。生まれてくる子どもたちも、親が法律婚によるよらない、つまり婚外子であるかないかということから生じる差別も全面的に撤廃されています。結果、若い人たちは、自分たちのライフスタイルに合わせて、出産や結婚のタイミングを選択できるようになっています。その他の北欧諸国やフランスなど、出生率が回復している先進国は、いずれも婚外子出生が全体の出生の過半数となってきています。

　これに対して日本の場合、「結婚イコール出産」という規範が根強く、婚外子出生率は、近年もたった2％台です。これはシングルマザー、とりわけ選択的未婚の母が子どもを産むことについて、社会的なペナルティーが大きいからです。母子世帯の貧困率も高いですね。日本では依然、女性が結婚・出産を経て就労継続することが難しいため、子どものいる女性は定収入や無収入になる可能性が高く、離婚したら途端に困窮する場合も多いのです。

　また日本では、今なお結婚した以上は出産すべきで出産した以上は「いいご家庭」規範に入らなければいけないという風潮が根強いです。いわゆる「良妻賢母」という言葉は死語かもしれないですが、そうでもないのですね。いまだに専業主婦前提の育児言説で、私みたいに働いている母親はなかなか優等生のお母さんにはなれません。ゼーゼー言いながら何とか仕事のやりくりをつけて綱渡りのように学校行事や保護者会に出席したり、係や委員会活動をやったりしています。

　日本はまだまだイデオロギーとしての夫片働き、一家の大黒柱の稼ぎでもって妻子を養うという規範が根強く、妻は専業主婦ないし働いても補助的な仕事にとどまり、家庭を守ることを第一にすべしという風潮は根強い。第1子出産を機に離職する女性は現在5割ですが、少し前までは6割でした。「寿退職」は死語になったと思いきや、そうでもないんですね。正社員女性で結婚を機に離職ないしは働き方を非正規雇用やパート、アルバイト、派遣などに変える人は、半数います。日本の男性、特に総合職の働き方は異動、転勤が当たり前の人が多い。そういう男性と結婚した場合、女性は正社員の就労継続を望めば、家庭責任を取りき

れない。いつでも夫の仕事の都合に合わせて付いていけるように、正社員を辞めてしまうのです。残った半数の女性のさらに半数が、第1子出産を機に辞めるか、働き方を非正規雇用に変えてしまっています。第1子出産を経て、正社員で残り続けている女性は2割強。この数値は、20年くらい変わりません。

一方、現在20代、30代の男性を中心に若年層男性の年収水準が下がっています。今、日本の男性の平均初婚年齢は、31歳です。このため30代男性の年収水準は、結婚など家族関連行動やマイホーム、マイカー、教育費支出など大きな家庭関連支出が動くので、旧来の男性片働きを前提にしていると、なかなか子どもが産めなくなってきています。1997年に中央値で一番多かった30代男性の年収水準は500万円台だったのに、たった10年後の2007年段階では、300万円台が一番多くなっています。つまり中央値で見た若年男性の年収水準は、200万円も下がっているということになります。これは産業構成比が大きく変わったことと、若年層の総体的な賃金水準の低下に大きな要因があるといえます。

このような趨勢(すうせい)から、1997年以降、サラリーマン世帯でも共働き世帯が専業主婦のいる世帯を上回り、今では共働き世帯が547万世帯多くなっています。ただ、共働きでもフルタイムワーカー同士ではなく、妻がパート就労など非正規雇用の場合が多い。いわゆるパート主婦の方は、有償労働と同時に専業主婦と同水準の家事、育児もこなしますから、ひたすら女性の負担が増えているのが現状です。これは旧来の理想的な結婚像、家族像のパッケージが、家族生活の幸福にとって阻害要因になっていることの証左ではないでしょうか。

水無田気流氏

第2部 パネルディスカッション

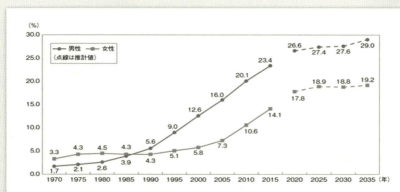

生涯未婚率急上昇

資料：1970年から2015年までは各年の国勢調査に基づく実績値（国立社会保障・人口問題研究所「人口統計資料集2017」）
2020年以降は推計値（「日本の世帯数の将来推計（全国推計2013年1月推計）」）であり、2010年の国勢調査を基に推計を行ったもの。
注：45～49歳の未婚率と50～54歳の未婚率の平均である。

独身者の恋愛・結婚観
（第15回出生動向基本調査　2015年）

- 独身であることは「利点がある」（2015）
- 男性83.5％　女性88.7％

- 「いずれ結婚するつもり」
- 男性95.9％（1982）→　85.7％（2015）
- 女性94.2％（同上）　→　89.3％（同上）

- 「一生結婚するつもりはない」
- 男性2.3％（1982）→　12.0％（2015）
- 女性4.1％（同上）　→　8.0％（同上）

「一生結婚するつもりはない」

　結婚のハードルがとても高くなってきています。皆さんご存じだと思いますが、2015年国勢調査では男性の生涯未婚、つまり50歳時点未婚が23.4％、女性は14.1％です。35年段階では男性3人に1人、女性も2割が50歳時点で未婚、生涯未婚になると推計されています。誰もが結婚相手がいて当たり前だったと言われるような時代から、大きく懸け離れたと考えなければいけない。いまだに社会の制度設計は、標準世帯、お父さんとお母さん、それから未婚の子どもからなる世帯を前提にしています。国勢調査値などからも分かるように、今一番多い世帯類型は単身世帯、1人暮らしの方です。それを前提に社会を変えていかなければいけないのですが、いまだに日本の家族観、地域社会の担い手等々はガラパゴスで、女性が担うべきとなっています。

　出生動向基本調査の独身者調査では、「独身であることは『利点がある』」と答えた人は男性が83.5％、女性は88.7％です（図：独身者の恋愛・結婚観、86ページ下）。「いずれ結婚するつもり」は男性が1982年統計の95.9％から2015年には85.7％、女性は94.2％から89.3％へと減少している。これをもって言われるのが「おおむね日本の男女は9割結婚したがっている。だから婚活奨励すれば自動的に子どもを産むはずだ」と。

　注目してほしいのは「一生結婚するつもりはない」です。日本人には曖昧なことが好まれるので「はい。いいえ。どちらでもない」と聞くと「どちらでもない」が結構多いのですが、「一生するつもりはない」を選択する人が増えているというのは、相当な非婚への意思を持った人が増えていると考えるべきでしょう。これで見ると、男性は1982年段階では2.3％の人が「一生結婚するつもりはない」だったのに、2015年ではなんと12％、5倍以上になってしまっている。女性は4.1％から8％と倍になっています。男性は「結婚資金難」、女性は「自由が失われる」が一番大きな結婚したくない理由です。生き方や行動が自由であることを利点と答えた独身者の男性は7割程度でしたが女性は8割です。

　結婚すると家事育児と良い家庭規範に入らなければいけなくなり時間がなくなるのかといいますと、この点（図：日本人女性の「時間貧困」、88ページ上）も

日本人女性の「時間貧困」
（「社会生活基本調査」2016）

- 日本の有業者男性は、平日「仕事」時間は6時間49分、同女性4時間47分。
- 家事関連時間は週全体で1日あたり男性平均44分、同女性3時間28分。

⇒女性は平均男性の5倍の時間家事に費やしている。

- 仕事（有償労働時間）＋家事（無償労働時間）＝「総労働時間」で見ると、男性1日平均7時間33分、同女性8時間15分。（1日当たり女性が42分長い）
- 女性の家事時間は「未婚」1日平均1時間1分、「既婚」4時間55分。

忙しいのに忙しいと思われていない日本の既婚女性

- 日本の夫婦の家事総量を100とした場合、妻の負担割合は85％超（過去20年近くほぼ変化なし）
- 妻の従業上の地位が「常勤」の場合夫の貢献割合は増えるものの、<u>「常勤の妻」の3分の2が家事を80％以上担い、13.7％の世帯の夫（7人に1人）がまったく家事をやらない。</u>
- 先進国で最も「働きバチ」なのは日本のワーキングマザー。
- 乳幼児をもつ世帯の妻「自分は1日8時間以上家事・育児をしていると認識」している人が72％

⇒一方、夫でそのように認識している人は47％

私の本で指摘していますが、表示データは最新統計にアップデートしたものです。日本の有業者男性の平日仕事時間は、1日当たり平均6時間49分で女性は4時間47分です。女性の方が有償労働時間は短くても、家事関連時間は週全体で1日当たりの平均が男性44分、女性は3時間28分。細かく見ますと、男性は休日には比較的家事をするのですが、平日は約30分と短くなってしまいます。ところが女性は休日も平日も3時間半前後。自宅に家族がいる限り、女性にとってはケアワークタイム、労働時間なのです。女性は男性の5倍の時間を家事に費やしています。

　仕事、有償労働時間プラス家事、無償労働時間を合わせた総労働時間で見ますと、男性は1日当たり平均7時間33分で、女性は8時間15分と42分長い計算になります。女性の家事時間は未婚か既婚かで大きく異なり、未婚女性は1日平均1時間1分で既婚女性は4時間55分。5倍違う。細かく見てみますと、未婚の女性と既婚のおじさまの生活時間配分はあまり変わらない。日本の職場はケアワークを妻に丸投げして働くおじさん労働者を標準に据えるため、会社で働いている限り、例えば、実家住まいで会社に勤めている未婚女性などは、おじさんとほぼ変わらない生活パターンになります。

先進国で最も働きバチなのが日本のワーキングマザー

　日本の女性は、忙しいのに忙しいと思われていません。夫婦の家事総量を100とした場合、妻の負担割合は85％を超えます。過去20年近く、ほぼ変化がありません。妻の従業上の地位が常勤の場合、夫の貢献割合は増えますが常勤の妻の3分の2が家事を80％以上担っています。正社員同士カップルでも13.7％、7人に1人の夫が全く家事をやらない。くどいようですが、フルタイムワーカー同士で、です。妻は正社員として働きながら家事育児ワンオペ（編注：ワン・オペレーション）になる人が相当数いるということになります。先進国で最も働きバチといわれるのが、日本のワーキングマザーです。

　夫婦の家事育児に関する認識も、大きく食い違っています。例えば一番手のかかる乳幼児を持つ世帯の妻で「自分は1日8時間以上家事育児をしていると認識」している人は72％ですが、夫でそう認識している人は47％。さらに3割の夫が妻の家事内容を説明できません。これは、休日に家事育児をバタバタと頑張っ

日本の妻・母は「ブラック企業労働」なのか？
……会社に例えてみれば

- 長時間労働です。休日はありません。（出産は）命がけです。人生をかけて獲得してきた学歴・職歴・収入などを失うリスクが高いです。
- 統括部の家庭経営責任、社員（家族）の健康管理責任、社屋（自宅）の管理責任、最前線の営業責任（学校や地域社会の仕事）、製品（子ども）の社会的評価責任（人格形成・学業成績・就労など）を1人で背負っています。
- 先進国で1番同僚（夫）が仕事（家事育児地域活動）をしないので、基本的に「ワンオペ」です。同僚（夫）がたまに仕事（家事育児）をすると、いかに未熟でも全力で褒めなければ、二度と仕事をしなくなります。
- 「女性ならできて当たり前」と思われているので、できなければ「人間失格」という批判を受けます。
- ……これらすべてを、「無給」で「喜んで」やらねばなりません。
- 究極の「やり甲斐搾取」ではないのでしょうか……？

ている妻を見て、「何だよ。朝っぱらからうるさいなあ」と思っている夫が少なからずいるということになりますね。「この紋所ならぬ家事育児が目に入らぬか」と言っても、目に入らずスルーされてしまう。その溝は非常に大きい。

一昨年（2016年）にはやった「逃げるは恥だが役に立つ」（TBS系）というドラマがありました。見ていない方のために説明しますと、新垣結衣さんが主演を務めた「みくり」という女性がヒロインです。彼女は大学院を出たものの職がなくて派遣OLをやっていたのですが、派遣切りに遭う。仕方がなく昔、父親の部下だった「平匡(ひらまさ)さん」というサラリーマンのところへ家事代行アルバイトに行く。いろいろありまして「この職場が気に入ったので正社員として雇ってください。家事全部を住み込みでやります」となります。

平匡さんが勤める会社は、事実婚であっても、つまり籍を入れていなくても、結婚しているカップルなら家族手当をくれるファミリーフレンドリーな企業だったので偽装結婚をすることになる。みくりは月額20万円近いお金をもらって、仕事としての家事を完璧に行うのですが、やがて二人の間に恋愛感情が芽生えて、

結婚しようとなる。そこで平匡が、「じゃあ、結婚したらお給料なしでいいですよね」と言ったら、みくりが「えー！　それって好きの搾取！」つまり愛情の搾取じゃないかと言って、すごく話題になったドラマです。

原作の漫画では「それってブラック企業労働やないかい！」とツッコミが入ります。原作者である漫画家の海野つなみさんとトークセッションをした時、日本の妻、母業は「ブラック企業労働」なのかを会社に例えて問い直してみました。まず長時間労働。休日はないです。出産は命懸けです。人生を懸けて獲得してきた学歴や職歴、収入などを失うリスクが高いです。統括部の家庭経営責任、社員（家族）の健康管理責任、社屋（自宅）の管理責任、最前線の営業責任（学校や地域社会の仕事）、製品（子ども）の社会的評価責任（人格形成、学業成績、就労）などを一人で背負っています。先進国で一番同僚（夫）が仕事（家事、育児、地域活動）をしないので基本的にワンオペです。同僚（夫）がたまに仕事（家事、育児）をすると、いかに未熟でも全力で褒めなければ二度と仕事をしなくなります。女性なら「できて当たり前」と思われているので、できなければ人間失格の批判を受けます。これら全てを、「無給で」「喜んで」やらなければいけません。というわけで、究極のやりがい搾取労働になっている問題が大きいわけです。

家事、育児、特に次世代を再生産する育児に関しては、女性の個人責任が大き過ぎると指摘できます。もう一つ、女性活躍というときに政府は女性に対して理想的なライフコースをいろいろ言っています。管理職になる程度に働いてほしい。廃案になった「女性活躍推進法」（2014年案）には、「2030（ニイマルサンマル）」というのがありました。20年までに指導的な立場の女性3割の目標数値を達成しようという。でも、家庭教育はちゃんとやってもらいましょう、食育もやってもらいましょう。それから以前話題になりましたが、「家庭教育支援法案」もあった。これは、家庭での教育をしっかりやって国に役立つ人を育ててもらいましょうという法案です。それから、女性手帳問題もありました。35歳を過ぎると妊娠、出産が難しくなるので、34歳までに2人程度産み終えるように女性を啓発しようとしたら、当の女性たちから「余計なお世話だー！」の大合唱で取りやめになったあれです。

第2部　パネルディスカッション

+ もし、今の日本で女性が結婚も仕事も出産も育児も
  …というライフコースを「完璧に」こなすならば

22歳大学卒業までにファミリーフレンドリーな会社に内定

⇒3年間血眼で婚活し25歳までに伴侶候補ゲット

⇒交際3年以内にプロポーズにもちこみ28歳婚約

⇒29歳結婚⇒妊活し30歳で妊娠、31歳までに第1子産み終える

⇒妊娠中から保活して託児先確保、32歳で職場復帰

⇒第1子は1年以内に卒乳し排卵を回復して33歳で第2子妊娠

⇒34歳で第2子出産

…これらをこなしつつ、妊娠予定の30歳までにマタハラにあわず産休・育休を取得する程度のキャリア確立

+ ……だから私は思います。

女性活躍推進法案

日本女性超人化計画

完璧なライフコース

　このような言説を取りまとめて、さらに統計や各種調査に鑑みて、政府が推奨する「完璧なライフコース」を再現してみました。まず、22歳大学卒までにファミリーフレンドリーな会社に内定をもらいます。3年間血眼で婚活して、25歳までに伴侶候補をゲットします。若年男性の年収水準が下がっているので、優良株の男性は希少種になっています。今、結婚する相手との平均付き合い年数は4年。29歳までに結婚しようと思うと逆算でたった3年しかありません。交際3年以内にプロポーズに持ち込みます。男性からのプロポーズが8割を超えています。結婚は婚約から半年から1年かかりますので、28歳までにプロポーズに持ち込み、29歳で結婚。結婚した瞬間から妊活し、30歳で妊娠、31歳までに第1子を産み終えます。

　1年間しか出産、妊娠のための時間がないということは、排卵回数は年に12回なので12回しかチャンスがない。さらに最短年限で（職場に）戻ろうと思ったら、今、キャリア女性は8〜10月に産もうとします。なぜか。11月が公営保育所の締め切りだからです。それを過ぎると、また1年先になってしまう。3カ月しか期間がないということは、排卵回数3回分ですね。でも、理想的にはこれを狙います。もうだんだん、（人気漫画）「ゴルゴ13」みたいになってきました。

　妊娠中から保活して託児先を確保しないと「保育園落ちた日本死ね」になります。32歳で職場に復帰し、第1子は1年以内に卒乳して排卵を回復。卒乳しないと排卵回復しないから、次の子どもが産めません。これを完全にやらなければいけない。33歳で第2子を妊娠して以下、同文。34歳で第2子を出産。

　これらをこなしつつ、妊娠予定の30歳までにマタニティーハラスメント（マタハラ）に遭わずに、産休・育休を取得する程度のキャリア確立を個人努力でやらなければいけないのです。

日本女性超人化計画

　日本の管理職者の女性割合は、まだ1割程度。おじさん管理職が圧倒的に多く、

第2部　パネルディスカッション

夫の家事育児貢献度が高まると2人目以上出生率も上昇

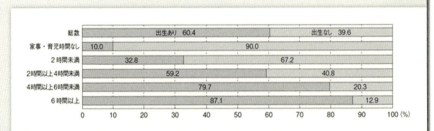

家事・育児時間	出生あり	出生なし
総数	60.4	39.6
家事・育児時間なし	10.0	90.0
2時間未満	32.8	67.2
2時間以上4時間未満	59.2	40.8
4時間以上6時間未満	79.7	20.3
6時間以上	87.1	12.9

資料：厚生労働省「第14回21世紀成年者縦断調査（平成14年成年者）」（2015年）
注：1．集計対象は、①または②に該当し、かつ③に該当する同居夫婦である。ただし、妻の「出生前データ」が得られていない夫婦は除く。
　　　①第1回調査から第14回調査まで双方から回答を得られている夫婦
　　　②第1回調査時に独身で第13回調査までの間に結婚し、結婚後第14回調査まで双方から回答を得られている夫婦
　　　③出生前調査時に子ども1人以上ありの夫婦
　　2．家事・育児時間は、「出生あり」は出生前調査時の、「出生なし」は第13回調査時の状況である。
　　3．13年間で2人以上出生ありの場合は、末子について計上している。
　　4．「総数」には、家事・育児時間不詳を含む。

日本型性別分業社会を越えるために

- 男性：「ジョブ」と「メンバーシップ」の一体型労働

　＝長時間労働へ

- 女性：「家事（含む育児介護）」と「家庭・地域責任」の一体型無償労働
　＝専業主婦中心の家事言説へ

- 男性は企業の、女性は家庭や地域社会の「時間財」となることが前提

- 各仕事をモジュール（部品）化し分業することが困難な日本社会

- 「理想の家族」パッケージ維持よりも、現状に適した暮らし方・働き方に併せた制度設計を！

いろいろな統計調査に鑑みても、日本の男性の管理職はまだまだ女性を評価するのが苦手です。そういった男性上司を相手に、先進国で家事育児の参加率が最も低い夫のケアまでしながら、(映画)「荒野のガンマン」みたいに1人で進まなければいけないのが日本の女性です。女性活躍推進法案は、「日本女性超人化計画」と呼んだ方がいいと思います。

　「少子化に特効薬なし」といわれますが、一ついい統計があります。平日は難しくても1人目の子どもが生まれたとき、休日に家事や育児、子どもと遊ぶことまで含めて参加してくれる夫と、そうでない夫の2人目以降が生まれているかどうかの統計です。休日に子どもと遊びすらしない夫だと10年目に2人目が生まれている割合は1割ですが、6時間以上、家事育児に参加する夫の下だと約9割に2人目以上が生まれています。2人目以上が速やかに産みやすくないと少子化は回復しない。こんなに効果のある統計は、ほかにありません。男性の家事、育児参加はそれほど重要だということです。

　男性はジョブとメンバーシップ一体型の就労、つまり会社村住人型の労働で日常的に長時間労働になりがちです。女性は家事（含む育児介護）と家庭・地域責任の一体型無償労働を前提としているので、どうしても専業主婦でないと優等生のお母さんになれません。これは個々の能力よりも、男性は企業の、女性は家庭や地域社会の「時間財」、と私は呼んでいますが、時間を差し出せるかどうかが重視される社会のため、男性も女性も非常に生きにくい社会になってしまっています。これは各仕事を部品化、モジュール（部品）化して分業することが困難な社会ということになり、ワークライフ「アン」バランスな状況になっています。

　日本型性別分業社会、ジェンダー・セグリゲーション型社会を超えるためには理想の家族パッケージを維持するよりも、現状の、特に若い人たちに適した暮らし方、働き方に合わせた制度設計へと変えていく必要があります。ご清聴ありがとうございました。

男性の意識改革こそが必要

松本　ありがとうございました。お話を聞いて改めて日本女性は大変だということを感じます。水無田さんは著書の中で、政府は女性の就労継続対策について掛

け声だけで、実効性ある対策を打たずにきたと批判されています。女性が働きながら余裕を持って子育てをするためには何が必要でしょうか。

水無田 いろいろありますが、かいつまんで言うと何よりも必要なのは、男性の意識改革です。女性が働きながら子育てするとき、自助努力なんて既にやり尽くしています。あとは男性の意識改革がなければ、立ち行かない。特に、ここにいらっしゃる会場の皆さん、50代以上の男性が多いですね。素晴らしいです。メインターゲット層です。おそらくこのくらいの年齢層の男性は、自分たちが一番、少子化対策に関係ないと思われていますが、意識改革が最も必要な世代です。なぜかというと、社会の意思決定の場にあり、かつ管理職の立場にある方がとても多いはずだからです。日本の職場でよく言われているのが、女性に対する統計的差別。これは労働経済用語ですが、要はその人の個性や適性ではなく「女性だから」「女の子だからどうせすぐ辞めちゃうんだよな」とか考えて、やりがいのある仕事、伸びしろのある仕事は女性より男性を優先する。同じ能力なら昇進は男性優先にする……というような、属性重視で個性を見ないマネジメントが、実際にも日本の職場では横行しています。

　でも、これをやるとどうなるか。女性は就労意欲を喪失し、「ここは私の居場所ではない」と思い離職します。上司はどう思うのか。「やはり女の子は辞めたな。やりがいのある仕事を任せなくてよかった」。以下繰り返す、のスパイラルに陥っている。実際、キャリア志向の女性に関して言えば、高学歴女性の離職理由は6割以上が「仕事のやりがいのなさ」や「上司が自分のことを信用してくれない」といった問題の方が大きく、「育児のため」はたったの3割です。

　女性の就労の在り方について、いまだにマタハラが行われていたり、ファミリーフレンドリーな企業といっても掛け声ばかりだったりする問題はあります。プラス生産性の高い就労者としての女性も——ダイバーシティー（多様性）マネジメントとか今、いろいろ難しいことを言っていますが——要は属性ではなく、個人個人をきちんと見て、適性を見極めて、その人たちに合わせたライフコース、ライフスタイルをきちんと評価できるようになっていただきたい。そのためにも、この会場にいらっしゃる男性の皆さま、よろしくお願いいたします。

松本 ありがとうございました。続きましては、報道現場から見た人口減少社会の現状や課題について、共同通信社の諏訪雄三編集委員からお願いします。

この国に時間は残っていない

諏訪 しゃべりにくい雰囲気になりつつある気がしますが、気を取り直して安倍（晋三）首相のご尊顔から始めたいと思います。

諏訪雄三氏

2014年、安倍首相がまだ若かった時代です。奥さん（昭恵夫人）の暴走も知らず、モリカケも知らず、あのころは生き生きとした顔をしていました。おっしゃっていることは大層で、地方創生とかいろんなことを「戦後以来の大改革」だと。その次、石破茂元幹事長。今、後継総裁候補ナンバーワンですが、この方もいろいろ大層なことを書いています。「総力戦で臨まなければ、この国にそんなに時間は残っていない」。初代の地方創生担当大臣は、そこまでおっしゃいました。しかしどうだろうか、というのが現状だと思います。

地方創生政策では14年5月、日本創成会議の「増田レポート」というのが出ました。これは「半分の自治体に消滅の可能性がある。人口がどんどん減って将来の見通しが全く立たない」ことを、「消滅可能性都市」という言い方をした。これがショックとなりまして、地方創生策をつくれと全国知事会なんかが言ってやり始めた。実際のところ統一地方選なんかもあって、安倍さんにとってみれば「地方に目を向けていますよ。頑張っていますよ」と言うための一つの看板だった。結局、その程度の対応しかしなかったと思います。既存政策を化粧直ししたものを、そのまま並べているだけです。

まち・ひと・しごと創生総合戦略というものをつくりましたが、これは安倍政

２０１４年に地方創生と銘打って、人口減少対策を始めているが……

- 経済再生、復興、社会保障改革、教育再生、地方創生、女性活躍、そして外交・安全保障の立て直しはいずれも困難な道のりで『戦後以来の大改革』だ

石破茂地方創生担当相

地方創生は日本創生だと思っている。
明治以来、連綿と続いてきた中央と地方との関係、官と民との関係、日本人の生き方を根幹から変えていく。
今回、これに失敗するようなことがあれば、この国家の将来は極めて厳しいものになる危機感がある。

- 心せねばならないことは、この取り組みは総力戦で臨まなければならない。日本の国にそんなに時間は残っていない。
- そして中央が上で地方が下という考え方はもってのほかだ。
- あくまで地方創生の主役は市町村、そしてコーディネートを行ない地域にふさわしいビジョンを抱える都道府県である。
  民間の方々の創意工夫も必要である。すべての方々に参加をしていただきたい。

権が重用する経済産業省主導の政策です。経産省というのは、出てくる政策に対して全く責任を取りません。アドバルーン的に打ち上げて世の中の受けがいいのかどうか、それだけを気にしている。霞が関では「魚類行政」、魚のようにいっぱい卵を産んで、後はよろしくという行政の仕方をする種族だといわれています。

経産省主導の安倍政権は、地方創生策も総合戦略という格好いいものをつくりましたが、ほぼ今やっていることの羅列でキャッチーな言葉をちりばめているだけです。実際は、地方自治体に1千億ぐらいの交付金を配って「創意工夫でやってくれ。君たちの双肩にかかっている」と言います。その一方で、無駄遣いしてないかどうか「計画―実行―評価―改善」という「PDCAサイクル」でチェックするため、毎年報告を求め、重箱の隅をつつくような意見をするだけです。国の役人たちはそれで留飲を下げる。結局、自分の仕事を忙しくしているだけで、大した成果は上がっていないのが現状だと思われます。

20年に首都圏に来る若い人ら移住してくる人と、首都圏から出る人の差をゼロにしようという目標も立てました。15年に10万人いたのですが、17年はなんと12万人。政策を進めているのに東京圏への集中が2万人も増えているところを見ても、うまく行っていないことが分かると思います。

サービスの「提供」から「保障」へ

地方の厳しい現実は待ってくれません。図「基礎的社会サービスの提供が困難な地域の拡大」（101ページ）を見てください。一定のデータを置いて人口が減っていく市町村がどれだけ増えていくかを可視化すると、2025年、50年になれば消防とか医療も含め、基礎的な住民サービスが困難になる地域が全国にいっぱい出てくることが分かっています。今のトレンドで地方から都会に人が出ていくことになれば、三大都市圏、政令指定都市以外は全国で基礎的な住民サービスが困難になってしまいます。

「社会資本の老朽化」というのを今、言っていますが、道路や橋、上下水道、公共施設、あらゆるものがどんどん古くなっていきます。人口が減ると、鉄道、バスといった地域の足も成り立たなくなる。こういう厳しい現実がある中で、どうしようかというのがこれからの地方政策であり、この国をどうしていけばいい

地方創生策とは？

- ２０１４年５月の日本創成会議・増田レポートが出した、半分の自治体の人口が３０年間で半減するという「消滅可能性都市ショック」を受けてスタート
- だが、既存政策の化粧直し、その実施は地方任せ、地方頼み、地方に丸投げといったところ。
- 短期間での成果は難しく、統一地方選など選挙ごとに「全力でやってます」というだけの選挙対策
- 首都機能の移転とか分散、南海トラフ巨大地震や首都直下地震を視野に入れた被害を受けにくい国づくりの一環で進めるべき

厳しい現実

- 人口の減少によって基礎的な住民サービスが困難になる地域の拡大
- 道路や橋、上下水道、公共施設といった社会資本の老朽化
- 鉄道、バスといった地域の足が成り立たなくなっている

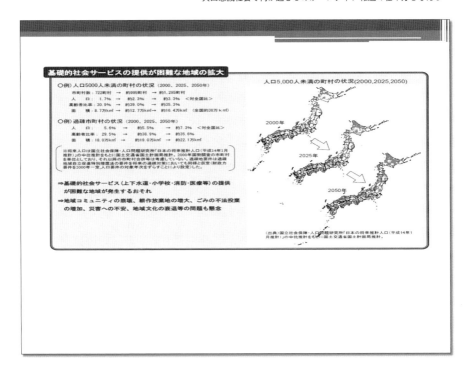

のかを考えるとき不可欠になってきます。

　公共サービスをどう維持するのか。公共サービスというと、市町村が介護も保険もやってくれる。医療は病院ですが、医療保険とかも市町村がやってくれています。これが人口減少によって自治体の職員さえ確保できないことになると、全部任せるのはかなり難しくなる。公共サービスを維持するためには、NPOとか年金をもらって生活している人を、どうやって公共サービスを提供する側に巻き込んでいくかを考えなくてはいけません。

　まず「小規模多機能自治」という表現を使っている、雲南市（島根）の例で説明します。小学校単位で自治会ができて、そこに年間800万円とかのお金を渡して地域の細かいことをいろいろやってもらう。上下水道の検針の仕事をして100万円もらう。ついでに、お年寄りの家に寄って、元気にやっていますかと見回りも兼ねていろいろやっていく。そういった細かいことを、正社員を雇うとか専業の人に任せるのではなく、年金をもらっている人や農業をやっている人、専業主婦の方のもう一つの仕事というか、お金もうけの方法にする。自治体が全ての行政サービスをするという大前提は諦めて、住民なりNPOなり、いろんなものを

公共サービスをどう維持するのか？

- 市町村単位でなく、顔の見える小学校の学区から対策を積み上げる。小さな拠点づくり、集落活動センター、小規模多機能自治など。行政がすべてのサービスをするのではなく、NPOなど多様な主体を動員し、サービスが受けられることを保証する
- 市町村ごとでなく、全国で高齢者の面倒をみる仕組みをつくる。後期高齢者の保険の在り方も考えてみる
- 地方では子どもが大学に行く際の現金の確保が課題。奨学金、無料化となれば地方でも住みやすくなる
- 定住人口に加え交流人口、観光を大切にする。中小企業、農業などの世襲を見直し、目的を持った若者を地方に呼び込む施策を

小規模多機能自治（雲南市）

- 2004年に6町村が合併し誕生。「地域ができることは地域で」をモットーに、市内30の交流センターごとに、町内会や消防団、営農組織、PTAなどが集まり「地域自主組織」
- 年約800万円の交付金を市から受け5～15人を雇用。農村レストランなどの収益事業も実施しながら、高齢者の福祉や生活支援、産業おこしなどに取り組む
- 活動には①市の水道局からメーター検針を受託し、毎月全世帯を訪問する際に高齢者に声掛けする②空き店舗を活用して週1回産直市場を開き、集まった高齢者の憩いの場としても活用する―ことも。行政でないので平等である必要はない
- 合議制で運営、「住民による自治」を可能に。何をするかは市と協議して組織ごとに決定。一律サービスが求められる行政とは異なり、自由な発想で多様な活動を実施している

巻き込んでいく形で地域にサービスを提供する。自治体行政の仕事はサービスを提供することではなく、サービスの提供を保障するというように役割が少し変わってくる時代になるのではないか。

高齢者の移動に伴う負担は国の負担で

　それから高齢者問題です。田舎の高齢化は大変だと皆さんは思っているかもしれません。確かに田舎の高齢化率は高いのですが、これから高齢化していくのは団塊の世代です。団塊の世代は既に田舎から出てしまい、いまさら、田舎に戻るわけではない。高齢化率がちょっと上がったとしても、そんなに田舎の人数は増えない。これから増えてくるのは、東京23区と東京周辺の自治体。つまり、皆さんが住んでいる所です。皆さんの所は団塊の世代、つまり高度成長期にどっと東京に出てきた人が住んでいます。この人たちが毎年100万、200万人単位で高齢者になっていく。その面倒をどう見るかが高齢化の最大の課題です。

　杉並区とかは区内に老人施設を造っていますが、土地代が高くてどうしようもないので「地域包括ケア」として地域で面倒を見ましょうとなっている。これも絶対無理だろうというのは、先ほど河合さんの話に出てきた通りです。もう一つ考えないといけないのが「生産年齢人口」で、2015年から40年までの間に1750万人も減る。介護士は16年度で190万人いますが、あと50万人とか増やさないと皆さんの面倒は見てもらえません。人口減少の中では基本的に難しい。高齢者を地域で見ることも無理なので、やはり田舎で見ようと。素直に考えればそうです。田舎の施設には空きがありますからそこに入れたらいいのですが、後期高齢者の保険なんかは自治体の負担も入っていますので、病気になるような年になってから地方に行くと、地方自治体の財政がそれだけ痛むから嫌だということになる。

　自治体間の痛む、痛まないのために、皆さんが地方に行きにくくなっている。高齢者の移動に伴う自治体の負担は、国が調整していけばいいのではないでしょうか。公共サービスというものを日本全国トータルで見ながら、お互いに助け合えばいいのではないか、というのが一つの考え方だと思います。

第2部 パネルディスカッション

老朽化する社会資本（建設50年後）

	H25年3月	H35年3月	H45年3月
道路橋[約40万橋注1)(橋長2m以上の橋約70万のうち)]	約18%	約43%	約67%
トンネル[約1万本注2)]	約20%	約34%	約50%
河川管理施設（水門等）[約1万施設注3)]	約25%	約43%	約64%
下水道管きょ[総延長：約45万km 注4)]	約2%	約9%	約24%
港湾岸壁[約5千施設注5)(水深−4.5m以深)]	約8%	約32%	約58%

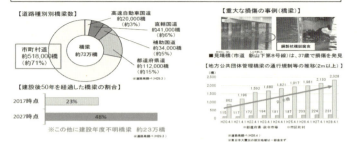

老朽化の現状・老朽化対策の課題

自己負担額100万円ですが更新しますか？

　社会資本の老朽化（図：老朽化する社会資本、104ページ上）ですが、日本の社会資本はほぼ戦後の高度成長期にできています。皆さん方のちょっと上、団塊の世代が大人になるにつれて、まず小学校、中学校をいっぱい造らせたわけです。それに合わせて道路とか橋もいっぱい造ってきたので、大体の自治体ではヒトコブラクダの状態になっています。50年たてば老朽化し、通行規制している橋がいっぱい出てきます。

　図「老朽化の現状・老朽化対策の課題」（104ページ下）の右下には2千カ所くらい通行規制している橋があるとなっています。特に市町村道が多い。なぜか。市町村道というと「田舎の細い道」というイメージを持つかもしれませんが、さにあらず。市町村道というのは、農道とか林道の成れの果てです。農林水産省がお金を持っていた時期に、国土交通省とは違う規格でいっぱい道路とか橋を造っています。山の中で真っ赤なきれいな橋が架かっていれば、それは林野庁が造った橋です。造ったはいいが、後は「管理をよろしく」と市町村道にした。市町村の方は橋があるのは分かるけど設計図を持っていません。構造も分からないまま、老朽化で点検しろと言われて困っている状況です。困っているだけではなく市町村には技術者もいない。これから市町村の橋を中心に、更新せずに止めて通れなくするルートが増えてくると思います。

　道路であれば二つ、三つルートがあればいい。一つになっても何とかなりますが、老朽化しているものの中には水道とか下水道もあります。50年前にできたものを、どんどん更新していかなくてはいけません。都市の中心部にはまだ人口がありますが、都市でも周辺部の人口が減っている。「できるだけ水道を造る」という形で都市部を広げた結果、次に水道を更新するときには「もうあなたの所には水道で水を送れません。更新できません」という可能性もある。場合によっては「すみません。自己負担額100万円ですが更新しますか？」みたいな聞かれ方をするかもしれません。そうでなければ「すみません。水道料金を市内一律に倍にします」というような話になる。場合によっては、「あなたの所は簡易水道にしてください。下水道はやめて合併浄化槽に戻してください」というような話に

第2部　パネルディスカッション

3−1−7表　特定地方交通線の転換状況

63年11月1日現在

	転換済み	バス	鉄道	転換合意済み	バス	鉄道	未合意	合計
一次線	40線	22線	18線	0線	0線	0線	0線	40線
二次線	25線	17線	8線	3線	1線	2線	3線	31線
三次線	4線	0線	4線	6線	1線	5線	2線	12線
合計	69線	39線	30線	9線	2線	7線	5線	83線

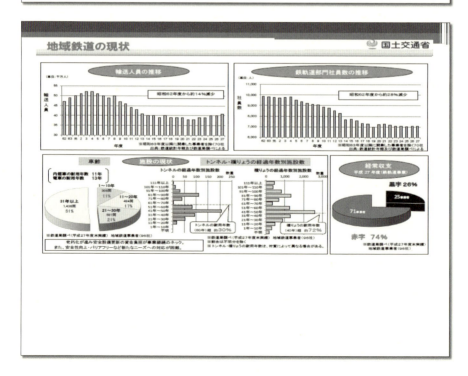

なってくると思います。

　人口が増えている時は、どこに住んでいても一律の上下水道サービスを与えるのが行政の仕事だと思っていましたが、これはもう無理。行政サービスができる範囲に集まってもらうか、行政サービスができない所にお住まいになるのであれば少し我慢してください、と言わざるを得ない時代になってくる。

自分たちで地域に働き掛ける

　これは交通です（図：特定地方交通線の転換状況、106ページ上）。「鉄ちゃん」は大好きですが、昔の赤字ローカル線がどれだけ変わってきたのか、国鉄民営化の時はこれだけバス転換したということを示しています。

　ここで申し上げたいのが輸送人員です。地域鉄道は田舎の鉄道ですが、輸送人員がかなり減ってきている（図：地域鉄道の現状、106ページ下）。地域鉄道の一番のお客さんは定期を持った高校生です。つまり、人口が減って高校生がいなくなると、それだけ下がってくる。最近増えているのは訪日外国人が増えているためです。ただ地域鉄道は、どんどん切られています。2016年11月、JR北海道が全路線の半分1200キロの区間で「単独では維持困難で、もう営業できません」と北海道に申し入れ、バス転換なり、維持費用の負担などを議論しましょうという話を始めています。

　公共交通機関にはいろいろありますが、バスの運行は住民にとって「最後の足」ということで、国は自治体に補助金を出します。離島路線の船とか飛行機についても住民に不可欠なので補助金を出しますが、鉄道は最後の足ではないということで、運行そのものに対しては補助金を出さないと決めています。こういった考えを改めない限り、鉄道の未来はないのかなと思います。

　鉄道運行にもある程度は国がお金を出すことも考えられるし、JR全体のプール制もあります。JR東日本、西日本も含めて本島3会社、それに加えて、上場を果たしたJR九州、これらは営業がましな方なので助けてもらいましょうと。JR民営化の趣旨に反すると言われるかもしれませんが、民営化したことで何が起こったか。「駅ナカ」がこれだけ便利になったのは民営化のおかげですが、半面、駅の周辺に従来あった商店街が大変なことになっているわけです。

岐阜市のバス交通

三条市デマンド交通「ひめさゆり」

運行時間内であれば、利用者の希望により乗り降りする場所を決められる。比較的低料金に設定している

JR九州は鉄道本体では赤字です。JR博多駅前の不動産業でもうけている。不動産会社にうまいこと転身できているから、成功したということです。そういった都会でのもうけを、もう一度運行に回せないのかというのも、一つの提案としてあると思います。

　バスも路線維持はいろいろやっています。例えば、この岐阜市のバス（図：岐阜市のバス交通、108ページ上）ですが、左側のバスは妙に長いですよね。2台分つなげて走っています。幹線は運転者1人で済むようにこういうバスにして、それ以外は

インタビューに答える富山市の森雅志市長＝2016年5月、富山市役所（共同）

小さめのバスにしたり、コミュニティーバスにしたりする形もあります。三条市（新潟）はデマンド交通でタクシーを使っています。いろんな所にタクシーのバス停みたいなものをつくり、その間を行き来する。家の前に来るわけではないですが、予約制でバスに近いような値段で運行する。老人が自分の足で買い物に行くことによって、少しでも運動し、その分健康を維持することができれば、保険とか医療費の自治体の負担が実際に少なくなるのでトータルとしては市の財政にとってプラスになる。そういう発想で運行する形も出てきています。まだまだ工夫できると思います。

　コンパクトシティーは富山市の森雅志市長が熱心にやっています。自治体の固定資産税のほとんどが駅前とか市街化区域からで、そこに住んでもらうためにはマンションを建てるとき、少しくらい補助を出してもいいのではないかということで、富山市はもう始めています。高層マンションなんかを建ててもらい、田舎からどんどん人を吸収していく。田舎は除雪の回数を減らすなど濃淡を付けます。「あなたは市に対して税収貢献していないから、ある程度は我慢してください」と。市長がアイデアマンで信頼を得ているからこそ言えるかもしれません。効率

バスを中心に公共交通を体系化

- ２００５年に年間最大２０億円の赤字があった路面電車が廃止され、同時期、市バスも民間に譲渡
- 公共交通の危機を契機に市民交通会議を設置、バスを中心としたネットワークをつくる
- 幹線は定時制を確保するため専用レーンや優先信号を設置、バスロケーションシステムを導入
- バス路線を再編し、高サービスな幹線と地域需要に応じた支線に役割分担
- 支線は住民参加によるコミュニティーバスで補完する方式を編み出す

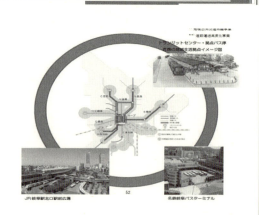

まとめ

- コンパクトシティー化が言われている。固定資産税収の多くが、地価の高い市街地から集まることを考えれば、市街地に再び人を集めたいという発想は理解できるが、住んでいる人をどう誘導するのか
- 行政サービスに濃淡をつけざる負えなくなる。簡易水道、合併浄化槽、ごみの収集、除雪の回数の減少など。命にかかわる介護、医療のサービスをどうするのかが課題
- 全てを行政がするという考えから発想を転換し、多様な主体が地域を支えるタイプに社会を変えていかないといけない。そのような社会運動を今、始めなければならない。
- １９６０年代の公害問題をメディアが追及し、対策につなげたように、地域社会のサービスの低下は形を変えた「公害」ではないか

化のためには、首長が骨を折っていかないとなかなか進んでいかない。

　最後に一つ申し上げたいのは、年を取ってくると体が動かないとかで家の中にこもってしまいますが、そういったことが一番よくない。できるだけ外に出ようとしても足が必要です。でも、公共交通機関を維持しろというのも無理。「高齢者が動かないと地域の商売も成り立たないのだから、スーパーで足くらい用意してよ」という運動を起こして自分たちで地域に働き掛ける。行政や隣近所が全ての面倒を見るのではなく、新しい高齢者社会ではみんなで助け合う。企業も巻き込んで、新しい高齢者社会をつくるための運動を皆さんに起こしていただきたい。メディアは報道で応援し、社会運動にしていきたいと考えています。

松本　ありがとうございました。地域を多様な主体で支えていくことを提案されました。NPOなどを地方に誘導していくには、補助金などの政策を打つこともあるのでしょうか。

諏訪　誘導するのは難しいかもしれませんが、例えば、農業で移住してくる人には100万円、200万円の収入があるとする。さらにその人たちに地域の仕事もしてもらって100万円、200万円を支払って、全部で500万円くらいの収入にできればいいと思います。田舎はシングルワークではなく、ダブルワークを前提に都会から人を呼び込む。地域で60代は「若者」と呼ばれています。70代くらいまでは地域のためにちょっとしたお金をもらって仕事をする習慣を付けてもらえれば、かなりの部分はカバーできると考えています。

人口急減社会で何が起きるのか

松本　ありがとうございました。ここからは皆さまから事前に頂きました質問などを織り交ぜながら、パネリストの方々と議論をしてまいりたいと思います。

　最初に、上林さんへ移民政策の質問を三つしたいと思います。40代の女性からです。「近年、急激に外国人の若い働き手が増えているが、その増加は政府が意図的に誘導してきたのか。それとも意図しないまま、気付いたらこうなっていたということなのか」。次に70代の男性からで「日本が今後も経済的に発展してい

くためには、移民政策が必要と20年前から考えていました。今日、問題がよりビビッドになってきたと思いますが、世論や政府の政策担当の考え方に変化があるのでしょうか。あるいは人口減少の下で社会を再生しようという考え方が増えているのでしょうか」。もう一人、70代の男性からです。「人口減少に伴う移民受け入れ対策はどうなっていますか。急激に外国人が増えているが、政府が意図したことなのか、それとも政府の政策担当者の考え方に変化があるのでしょうか」。いかがでしょうか。

上林 いずれも難しい質問ですが、外国人が急激に増えたということで、先ほどグラフをご覧にいれましたが、急激には増えていないのです。少しずつ増えています。急激に増えたように見えるのは、私たちの日常生活、例えば、コンビニとかレストランとかそういうサービス業で外国人の方が増えたからです。増えたように見えますが、社会全体の増え方はゆっくりです。ただ、増加傾向にあることは確かです。外国人に対して世論が変わったと思います。

2015年に拙著『外国人労働者受け入れと日本社会』を上梓しましたが、その時に「移民政策」という言葉を本の題名としたならば、本そのものが社会から受け入れられないだろうというので「外国人労働者受け入れ」というタイトルにしました。去年（17年）辺りから、新聞でも移民政策という言葉を使うようになりアレルギーが少なくなってきました。骨太方針には「移民政策とは言わないで」という一言が入っていますが、世論は明らかに変わってきています。

政策担当者の考えも世論の動きに伴い、変わってきていると思います。20～30年前くらいですと法務省と警察は「戸籍制度のない国々から人を入れては社会秩序を保てない」とか、労働省（現厚生労働省）は「日本人の雇用機会を奪う」というので反対していました。今度の技能実習法では、この二つの省が成立のために協力しました。

ただ、この法律には技能実習生を増やす側面と、規制を厳しくして不法就労や労働基準法違反をなくすという二つの側面がありました。衆議院の法務委員会では、増やすことに関しては与党も野党も誰も触れない。前面に出てきたのは、「この法は労働者の人権を守ります」と「不法を防ぐ」という側面です。その点で与野党が一致して賛成した。この動きを見ますと、日本全体が外国人労働者の

受け入れに関して手放しで「イエス」と言っているわけではないことが分かります。

松本 ありがとうございます。続きまして、諏訪さんへ質問と意見を頂いています。まず60代の男性の方からです。「人口減少で、特に地方自治体の行く末をどのように考え

インド・チェンナイに本社があるIT関連会社ニホンテクノロジーの施設で、日本語研修を受ける技能実習生＝2018年5月（共同）

ていますか。対処方法に何か名案がありますでしょうか？」。もう一人、70代男性からのご意見です。「なぜ人口急減社会となるのか。政府の諸政策に先の見通し、哲学がないためだと思うが、いかが思われますか？」ということです。

誰も責任を取らない習性になってしまった

諏訪 2点いただきました。まず地方自治体の将来です。人がいなくなるから市町村を合併してという議論があるかもしれませんが、平成の大合併は介護費用を捻出する効果はありましたが、地域の豊かさとか地域の活性化についてはマイナスの効果しかなかった。町村会もかなり後ろ向きなので、今後、合併ブームが起きることは基本的には考えられない。

全ての市町村が、観光とかいろんな行政を全部する時代はもう終わりました。隣の市町村、つまり水平連携で、あなたは産業政策、あなたは介護、あなたは観光、みたいに仕事を分けて、互いの得意分野を生かして助け合うのも一つの考え方です。

和歌山とか島根、鳥取のように人口が少ない所は、県が市町村の行政をバックアップして、一部代替するような形でやっていかないと無理でしょう。道路とか老朽化の話も、市町村に技術者は基本的にいません。いても数人なので、老朽化した橋や道路の改善は、国にもう一度代行してもらうとか専門の技術を持ったコンサルタントなり建設会社を地域で持って、その人たちにやってもらうような仕

組みを考えないとやっていけない。市町村が行政地域内のこと全ての面倒を見るのではなく、隣近所と協力する形で新たな行政の仕方を模索しないと回らないと思います。

　人口減少問題ですが、戦後2回大きな失敗をしています。1回目は旧優生保護法です。昭和24（1949）年に経済的な理由での中絶をOKしました。その後、急に出生数が減っています。これによって、団塊世代の急激な減り方を意図的につくってしまった。アメリカとか他の国でも戦後すぐに子どもが増えていますが、旧優生保護法みたいなものがなかったので緩やかに減っていく。山が高過ぎたために社会資本とかのニーズが大きくなり過ぎ、出生数の減少に伴う急な谷が深過ぎたことが後々問題を起こしたというのが一点あります。

　もう一つは、1990年代に団塊ジュニアの子どもたちが20歳を超えて大人になっていく。団塊ジュニアが第3次ベビーブームを起こしてくれるだろう、という根拠のない期待が行政側にはあった。それがバブルは崩壊、彼らは就職氷河期とか超氷河期ということで非正規の人が多く、結婚もできず、子どもを持てないとなり第3次ベビーブームが来なくなった。そこで初めて人口問題への対応を失敗したと行政が気付き、押っ取り刀で始めたというのが現実だと思います。

　今日も地方創生担当大臣と懇談会があって、2020年に東京圏の人口集中を止めると言っていましたが、「できなかったら誰か責任を取るのですか」と言ったら、そういう話は置いといてと、軽く置かれてしまいました。人口の増減は行政に直接関係なく、家族とか家庭の問題としていた時期が長過ぎたため誰も責任を取らないという習性になってしまった。いまさらやっても遅過ぎる状況になったと思います。

松本　ありがとうございました。続きまして、水無田さんに女性の社会進出に絡めた質問を頂いています。40代男性からの質問です。「女性が社会進出すればするほど多子世帯も減少し、より人口減少に拍車が掛かる部分もあるのではないかと思うのですが、人口減少と労働力不足を同時に解決することは可能でしょうか」。また、80代男性からの質問ですが「（大阪）万博開催の年に生まれた水無田さんは、現在までの48年間の日本を含む世界の主要国の行動をどう見ていますか？　これからの社会は何を目標に進めばよいとお考えでしょうか？」

質的な豊かさを求められる社会に

水無田 的の大きいお話を二つ、ありがとうございました。最初の女性の就労率が上がって社会進出が進むと、子どもを産まなくなって少子化が進むのではないかという質問、よくあります。よくある誤解で、完全に間違いです。1980年代までは、先進国の中では女性の社会進出が進むと出生率が低下する国や地域が一部あったのですが、90年代以降は女性の就労率が上がって安定雇用になるほど出生率にも統計的にポジティブな相関関係が見られるようになりました。男性の雇用安定ではなく、女性の雇用安定の方が出生率上昇に関する直接的効果は大きいのです。

女性の年収が上がると結婚しなくなるのではないか、ということもよく言われます。某朝までやる討論番組でも司会者の方から「女性も総合職で働き続けられるようになったから、離婚するようになったのではないか」という感じで聞かれたのですが、全然違うことを説明しました。まあ私の説明が長過ぎて「はい、CM」となって全部話せずに悔しかったので、ここで説明します。

先進国はいずれもですが、近年では女性の年収水準が上がるほど婚姻率もポジティブな相関関係があります。先ほど諏訪さんのお話にもありましたように、日本の男性は今、非正規雇用の人たちが増えて年収水準が下がっていますし、若年層ほど共働き志向は高まりを見せています。

このような趨勢は世界的にも見られ、今、先進国ではいずれの国も、女性の年収水準が上昇するほど婚姻率も高くなっています。ただ残念なことに、イタリアと日本でだけ見られる傾向ですが、ある程度までは女性の年収が上がると並行して婚姻率も上がるのですが、あまりにも稼ぐようになると「婚姻ハザード効果」というのが起きてしまう。女性の結婚とか家族役割、母性信仰がすごく強いイタリアはマミズムの国ですから、そういう残念な現象が起こる。日本だと、おおむね410万円以上稼ぐ女子になると婚姻ハザード効果が起きるという報告もあります。それくらいの仕事をしていると仕事が楽しくて結婚が遠のくのか、その水準の仕事を続けるには結婚すると難しくなるのか、婚活市場で男性から敬遠されてしまうのか、あるいはそれらの相乗効果なのかは調査の余地があります。

もう一つ、母数が小さいので大きいことは言えないのですが、日本で本格的にファミリーフレンドリーな企業で産休と育休を取得し、就労継続をちゃんとできる会社の正社員女性は、今、専業主婦より出生率は上がっているんです。こういった企業はまだ少数です。もし経営者、管理職の人たちがこの場にいらっしゃったら、ぜひ考えてください。

　「万博の年に生まれた」と正確に年齢が書いてあるので、どうもありがとうございます。その通りです。私は団塊ジュニア世代と同じくらいです。幼稚園の時の一番の思い出は、パンダが日本に来たので上野動物園に行ったら黒山の人だかりで人の頭しか見えなかったとかの思い出です。団塊ジュニア世代の思い出は、どこでも人の山ですね。こういったジュニア世代の生活感というのは、おそらく高度成長的な社会観を引きずっている。高度成長的な世界観と言いますと、新幹線のように速く、東京タワーのように高く、インスタントラーメンのように簡便な「速く、高く、早く」の時代だったわけです。これが一気にバブル崩壊後の低成長時代になり、無理になってきた。時代の端境期に立ち会った中で、旧来の家族であるとか家庭生活、もっと言えば、労働と余暇の関係、家庭生活の在り方、この三つの再編が個人史の中で成されてきた時代でもあります。地方の話でもありましたけど、今は「速く、高く、大きいことはいいことだ」ではない。チョコレートのCMだと「大きいことはいいことだ」ですが、90年代には「ヒーローは自分の中にいる」、2000年代に入ってくると「自分史上最高きれい」などとなる。個人がいかに満足するか、そして「速く、高く、早く」ではなく「スロー、ローカル、コンパクト」。これが時代のキーワードになってきているし、登壇された先生方のお話にもよく出ていると思います。

　ジュリエット・B・ショア、かつてハーバード大にいて、今ボストンに移った社会学者の方が『プレニテュード―新しい〈豊かさ〉の経済学』という本に書いています。アメリカでも日本でもそうですが、戦後豊かになっていく社会の中で、ある程度まで1人当たり国内総生産（GDP）が上昇すると、幸福度を表す指標である「国民生活満足度」も並走して上がるのですが、ある程度まで豊かになってしまうと、それ以上GDPが上がっても生活満足度は上がらないどころか反比例して下がってしまう。これを「幸福のパラドックス」と言います。そんな現象が起きます。日本も取り方によりますが、バブルくらいまではGDPは上がって

も、生活満足度は反比例して下がっています。いろんな要因がありますが、物的な豊かさには切りがあっても人間の欲望にはないのが非常に大きい。

　ショアはこんなことを言いました。「物的豊かさによらない生活満足度の押し上げ効果があるものは何だろう」と。いろんな統計調査を鑑みて、二つあると言ったのです。一つは自由に使える時間。もう一つが良好な人間関係です。『「居場所」のない男、「時間」がない女』を書く時に調べてみたら、日本の男性は先進国で一番人間関係が乏しく、女性は一番時間がないことが分かり、これは大変だと思って検証を進めていたのもあります。

一般公開されたパンダを見る人たち＝1972年11月5日、東京・上野動物園

　今、政府がやっていることで心配なのは「GDP600兆円を目指す」とか、規模拡大、経済しか見ていないのですが、果たして国民の生活、質的な豊かさを見る目があるのかということです。これを考えた形で政策を進めた方がGDPや人口規模だけではない、もっと質的な豊かさが求められる社会になるのではないかと考えています。

松本　ありがとうございます。続きまして岩本さんへ18歳の男性と70代の女性から質問を頂いています。男性からの質問です。「AI、ロボットなどの利用は人手不足を補い効率性を上げるといわれますが、それに頼り過ぎて失業者が増え、非人類的な機械が動く社会を構築することになりかねないと感じますが、どうお考えでしょうか」。女性からの質問は「人口減少と機械化が進むと人手がいらなくなるのではないかと思いますが、その兼ね合いはどうなるのでしょうか？」です。

テクノロジーよりも一歩先を進む

岩本　最初の質問ですけど、お答えするために一つ事例を挙げたいと思います。

それはパソコンです。私が就職した時には、まだパソコンは世の中に存在していませんでした。今はＥメールを「CC」で転送しますが、当時はありませんでした。どういうふうにしていたかというと、若い職員が大量の資料をコピーして、本来CCで回すべきいろんな幹部にコピーを配っていたわけです。私たちの世代は（勤務）時間のほぼ半分以上、コピーして幹部の所に資料を配っていた。今から考えますと、非常に人間らしい職場だったと感じています。当時は手書き文字でしたが、パソコンが導入されたおかげで、今は非人間的な活字文字になっています。そういう非人間的な面がパソコン導入によって進んだわけです。

　パソコンの導入で仕事は効率化されましたが、キーボードを人さし指でしかたたけないおじさんが大量に職場に発生しました。そのおじさん方は知らない間に、どこかへ人事異動になってしまいました。そういう一部の人たちを守るため、人間的な仕事を守るため、例えばトヨタはそういう情報機器の使用を禁止して、電話とコピーとファクスだけで仕事せよと言われると、この話がいかに意味のないことか直感的に分かると思います。一部の雇用を守るためにテクノロジーの進歩を拒否するのではなく、テクノロジーはそもそも進むものなので、一番いいのはテクノロジーよりも半歩、一歩先を進んで、うまく利用して、グローバル競争に勝って売り上げを増やし、総雇用を増やすことです。これがテクノロジーの進歩に対する王道のやり方ではないかというのが私の考えです。

　二つ目の人手がいらなくなるのではないか、その兼ね合いはどうでしょうかということですが、先ほどフレイ＆オズボーンの推計を説明する時に、いわゆる「タスク」という考え方が導入されたと説明しました。いきなりロボットとかAIが出てきて人間に代わるという現象は起きず、人間がやっている仕事を細かいタスクに分解した一部が機械になる。そういうことが順次起きていくのが正確な現象です。

　経理の仕事を例に挙げますと、電卓という機械が発明されました。それまで人間がそろばんで計算していたのが電卓に置き換わり、効率化されたわけです。さらに経理ソフトが発明されます。人間が手作業でやっていたものが経理ソフトで仕事ができるようになる。これまで経理課に10人いたのが、電卓が発明されたことで9人になり、経理ソフトが発明されることによって9人が6人になる。単純なルーティン作業が機械に置き換わることによって、人間がやるべき役割が変わ

ってくるわけです。

　単純にそろばんで計算するとか、経理ソフトで経費を書くなどは機械に任せる。経理課は他の課と経理内容についての打ち合わせやコミュニケーション、新しい税制が国から発表されたら、それをどういう形で会社の経理に反映させればいいだろうかなど、新しい仕事といいますか、頭を使う高度なハイスキルの仕事を人間がするわけです。機械に任せられる仕事は機械に任せて、人間は高いハイスキルの仕事をしなければいけない。人間は時代とともに高いスキルを身に付けなければいけないということです。

メディア報道はどうあるべきか

松本　ありがとうございます。それでは人口急減社会について、メディア報道はどうあるべきかについてお話を伺ってまいりたいと思います。上林さん。外国人労働者の問題についてメディアはきちんと報道してきましたでしょうか。

上林　メディアは外国人労働問題が好きで、ずっと報道しています。メディアの本質というのは、人が犬をかんだときに初めてニュースになる。出てくるのはうそではないけど、どの程度の代表性を持つのか。とりわけ外国人労働者受け入れには人権侵害の問題、いわば労働者搾取とか中間組織が労働者を人買いする危険と抱き合わせの部分がありますので、そこだけ強調すると、なぜ来日希望の外国人労働者がいるのか分かりにくくなります。全体のバランスを見てほしいというのが、常々思っていることです。

松本　水無田さん。最近のベビーカー論争もそうですが、母親たちは「子どもを産んですみません」と肩身の狭い思いをすることもあります。この社会の中にはびこる「子ども排除思考」を直していかなければならないのですが、メディアが果たせる役割をどうお考えでしょうか。

水無田　非常に重要なご指摘です。ベビーカー論争については私も書かせていただきました。海外育ちの帰国子女の方が日本に来て子どもを産むと、なんで「24

時間謝れますか」的な態勢で移動しなければならないのか、とおっしゃっていたのが印象に残っています。「悪いことは何一つしていないのに」と。

　こういった日本社会の基調も問題ですが、メディアに関して絡めて言うのであれば、女性や少子化対策、子ども関連のニュースがメインストリーム、主流の記事として取り上げられてこなかった点も大いに問題があります。唯一の例外が2016年の「保育園落ちた日本死ね」報道です。政治論争になって初めて政治部の記者さんがわーっと集まってきました。通常は女性面などで扱うようなトピックでしたからね。

　私もこれまでいろいろと、メディアについて発言してきました。ただ少子化対策とか若者の家族関連、結婚関連のテーマは、討論番組やニュース番組、解説番組でも、緊急ニュースが飛び込んでくれば、すぐ覆ってしまうトピックなのです。例えば「イスラム国」(IS) 人質問題があったので差し替えになりましたとか、衆院解散総選挙が決まったので、コメントは半分にしてくださいとか……。いつでも問い直せる、後回しにできる問題とされてきたが故の、「超」が付く少子化だと思います。

　この問題は毎日特集を組んでも、主流の記事に毎日問うても切りがないくらいに非常に大きな問題です。私はこれを「リビングの象」だと思っています。居間に象がいる。普通は異常なことですが、もう象と暮らしてしまっているので誰も気に留めないまま象はどんどん大きくなり、やがて日本という居間を壊しそうになっている状況です。主流の報道で取り上げられない、取り上げられても補助的な問題にとどまる……こういう対象は、相対的に社会から重要視されなくなっていきます。社会学者のガーブナーは、このような在り方を「象徴的排除」と呼んでいます。メディア関係者のみなさまには、ぜひこのような実態に気付いて、少子化問題をメインストリームの報道にしてくださることを心より希望いたします。

松本　続きまして、岩本さんにお聞きします。AIは人口急減社会の救世主になり得る可能性があるとお話しされましたが、メディアに期待されることは何でしょうか？

岩本　フレイ＆オズボーンの推計を最初に説明しました。2013年に発表した

「47％の労働人口が機械に代替する可能性がある」という数値に世界中の人々が疑問を持ち、数百本の論文が出た。OECD は専門家を集め、16年に47％ではなく９％であると発表したわけです。日本のメディアはそういった正しい数字を発表しない。AI は、人口減少を迎える日本において期待が大きい技術です。これまで日本のメディアは「AI は怖いものである」というプロパガンダ報道をし、日本の AI 技術発展の足を引っ張ってきたと思います。AI に対するこの辺りのメディア報道に、はっきり言って腹が立っております。

小さくても輝く国になるために

松本　最後にパネリストの方々に一言ずつ頂きたいと思います。日本がこれから小さくても輝く国、社会になるための方策は何なのか。そのキーワードと人口急減社会に向かう日本の未来に向けたメディアの在り方について、提言をいただきたいと思います。上林さんから順にお願いします。

上林　小さくても輝く社会というのは非常にいい標語だと思いました。私は団塊の世代ですから、放っておけば人口は増えると思っていましたが、これを変えていかなければいけないというのは、すごくフレッシュな観点だと思います。
　メディアについては、今、インターネットで不確かな情報がはやっています。その方が分かりやすいし、面白いし、安いし、多くの場合は無料だというときに、メディアで出す情報がどれだけ精査して調べ、その神髄を出しているのかということを受け手に対して証明していかなければならないでしょう。ぜひ頑張っていただきたい。情報収集にはコストも手間も掛かり、何人もの人が精査して持ってきた事実なのだ、という過程をどうやって若い人に納得させたらよいのか。学生に聞くと、ニュースはネットで見ていて、新聞は要りませんという人がほとんどです。そうではないということを知らせてほしい。質を上げてほしい。今でも質は高いのですが、それを納得させるようにしてほしいと思っています。

松本　ありがとうございます。続いて岩本さんお願いします。

岩本　先ほどフレイ＆オズボーンの推計でもイメージしましたが、ジャーナリズムというのは政府が事実を隠したり、社会的なポジションの高い人が自分のプライドを守るためにうそを言ったりしたとしても、常に自分の目で真実を確かめ、日本国民に正しい事実を報道していく。これがジャーナリズムの本質ではないかと思います。

松本　水無田さん、いかがでしょうか。

水無田　小さくても輝く豊かな社会。先ほどの「自由になる時間と人間関係を良好に」ということを考えるのであれば、地域のこれまでの担い手であったNPO活動なども女性が主です。地元の公立の小中学校にお子さんを通わせているお母さん方が一番の地域のソーシャルキャピタルの担い手のはずです。けれども地方分権一括法以降、市民フォーラムなどは土曜、日曜の休日昼間に開催しますが、見渡す限り男性高齢者、退職者ばかりです。私も地元で子育て支援のNPO活動をやっていますが、小さい子どもを連れていってちょっとぐずると、団塊世代より上の世代のおじいさまたちに「うるさい、出ていけ」とか言われて追い出されたこともあります。その後「子どもは市民ではないから市民フォーラムに来るべきではない」とか怒られたりしました。
　さらに、最近はコミュニティーセンターも高齢男性ばかりで、子どもの声がうるさいと苦情が来て、小学生以下は出入り禁止になってしまったこともあります。おかげで、私たちの子育て支援活動も、コミュニティーセンターを借りて行うことが難しくなってしまいました。子どもを排除するということは、子どもを連れた母親を市民の討議の場やコミュニティー活動の場から排除することになってしまいますね。本来、地域で子育てしている母親は、主たる地域社会の担い手です。これから地域デビューする方は高齢男性の方が多いので、そういった女性たちの活動を、もう少し温かい目で尊重してくださるとうれしいです。
　さらにメディアの在り方について言えば、近年は情報テクノロジー進展の影響が極めて大きく、第1次情報の発言者がそのまま会員制交流サイト（SNS）などで発言できるようになってきています。マスメディアだけが報道の担い手ではなくなっている中、それまでマイノリティーだった人たちがどんどん発言するよう

になってきます。例えば、「＃ MeToo」(「私も」の意)運動みたいなことも出てきて、これまでの情報発信・受容とは異なる在り方が普及してきています。特にテレビ朝日女性社員の財務次官セクハラ告発事件があったので申し上げますが、こういうセクハラ等が許されるべきではないと、世界的に世論は変わってきています。

財務事務次官のセクハラ疑惑を受け「＃ MeToo」と書かれた紙を手に財務省に向かう野党議員ら＝2018年4月、東京・霞が関(共同)

　アメリカの世論調査でも、9割の人がいかなるハラスメントも許すべきではないとなってきて、記者も情報を取ったり、取材をしたりするためだったら、ちょっとのハラスメントには目をつぶろうということが成り立たなくなっています。新聞でも記者に占める女性割合は2001年に1割だったのが、今は2割です。会場には、新聞社にお勤めの方も大勢いらっしゃると思います。ぜひ、女性記者は3割を目指してください。3割以上になれば、クリティカルマスが起き、質的な変化があるはずです。女性記者が「やわ記事」しか扱えないとか、「国会番は任せられない」とか思わないでください。もしハラスメントに遭った女性の記者がいたら、きちんと正しい手続きを取って非難する姿勢を見せてください。そういったこと一つ一つを伝えて、記者の構成比もダイバーシティーを重視することによって、日本のメディア報道は必ず変わっていくと思います。どうもありがとうございました。

松本　諏訪さん、メディアの立場から自身の取り組みも含め、最後にお願いいたします。

諏訪　わが社の女性記者は新人だと4割を超えていまして、男の記者が元気ないなともっぱら言われています。いずれにせよ、女性がいないと回らない職場というのはおっしゃる通りで、現在も女性の方が同じような仕事をしています。将来にわたって安心してできるような環境をつくっていかないといけないと思います。

労働組合、労働基準監督署みたいなことを言いますが、女性が支局で産休に入るとその人たちのカバーがなかなかいない。県庁所在地の支局は、共同通信だと2、3人しかいない。1人が産休に入るとカバーが難しくてということになる。産休を取る人が出た場合には応援を送る努力をしていますが、それをシステム化して、女性の方々が安心して、男性も産休を取ればいいのですが、産休を取って子育てできる環境を具体的に考えていただきたいと思います。

　これから高齢者になる方は、ぜひ声を上げてください。「年なので、もういいですわ」ではないのです。なぜ私は介護保険で要支援、要介護の認定を受けているのにサービスを受けられないのか？　など、いろいろな問題を指摘してください。声を出さない限り行政は動きません。メディアにぜひ届けてください。メディアがそれを伝えることによって行政を動かしましょう。1960年代の公害問題の報道で行政の不作為を追い詰めたように、高齢者の問題を放置することについて皆さんが声を上げれば、行政の不作為を追い詰めて新しい高齢社会の姿をつくっていけると思います。その一助あるいは皆さんを助ける役割としてのメディアがあると考えています。

松本　2時間にわたって議論してまいりましたが、これから人口減少に向かっていく日本が何をすべきか。意識改革というところも非常に大きく、新たな施策で日本の在り方を根本的に見直すことも必要です。また、メディアの責務として国家にきちっと課題の警鐘を鳴らしていくべきなど、さまざまな示唆深いヒントを頂いたと思います。参加いただきました皆さまにとっても、一人一人がこの問題を考える何かしらのヒントになりましたら幸いです。本日はご清聴いただきまして、大変ありがとうございました。

編集後記

小さくとも輝く豊かな国へ

倉沢章夫
新聞通信調査会編集長

　日本の人口は既に減少し始めているが、今後も少子化でいや応なく減少し続け、2065年の段階では8800万人、さらに2090年段階では6660万人まで減ると推計されている。その後も減少し続けるということだが、人口推計は出生数を基にしている以上、外れることのない未来予測だと言われる。

　驚くべき数字ではないだろうか。人口がほぼ半減するのだ。基調講演をしてくれた河合雅司氏はこれを「静かなる有事」と呼んだ。確かに、今現在どうこうというのではないから、一見平穏に見えるかもしれない。しかし着実に人口は細っていく。人口が減少すれば、どうなるか。生産人口が減れば、国内の生産が減るだろうし、全国的な公共サービスも人手が減れば不足するところが出てくる。影響は甚大で、日本はどうなるのだろう、と悲観的になってしまう。

　こうした働き手不足対策として政府は、①外国人労働者の受け入れ②人工知能（AI）・ロボットの活用③高齢者の参加④女性の活躍推進―を打ち出している。しかし河合氏はこれらの対策について、重要だが「切り札」にはならないとし、第5の選択肢として、「戦略的に縮む」を提言した。これは「小さくとも豊かな国へ」ということだという。

　念頭にあるのは欧州の国々だろう。河合氏は、ドイツ、フラン

編集後記

スを例に出された。イギリスもしかり、また人口規模がはるかに少ない北欧もそうだろう。人口は日本よりも少ないのに豊かな暮らしを享受している。

日本もそうした国を目指すべきだという結論は、その後に続いて行われたパネルディスカッションでも共有された。

パネルディスカッションではまず、外国人労働者受け入れ問題に詳しい上林千恵子氏がこれまでの受け入れの経緯を分かりやすく説明、外国人労働者は増えてはいるが、その増減は景気に左右されることや不法就労、失踪が問題であることなどを指摘された。また岩本晃一氏は、今後ＡＩと人間の労働の関わり合いを説明して、興味深い内容だった。フレイ＆オズボーンの推計はショッキングだった。米国の雇用者の47％が今後、10～20年の間に代替リスク70％以上というのだから。しかしこれはあまりに過大で、ドイツの試算では「47％」ではなく9％だった由。まあ、これならば、と思う。とはいえ岩本氏によれば、機械の代替は進み、課題となるのはそれに伴って新たな雇用を生み出すことだという。

水無田気流氏は、女性活躍推進と政府が打ち出していることに関して、既に女性は有償、無償の労働を合わせれば世界でも有数の働きバチだと指摘、女性活躍推進法案は日本の女性超人化計画とでも呼んだ方がよいと皮肉を込めて説明した。さらに日本型性別分業社会を変える必要があること、女性が働きながら子育てをするためには男性の意識改革が強く望まれるとも強調した。
共同通信社の諏訪雄三氏は、内政の報道畑で培った知識や取材成果を語り、幾つかの重要な提言もしていただいた。

最後になったが、コーディネーターとして、進行役を務め、議論を的確に導いていただいた松本真由美氏、シンポジウムの設営・準備を委嘱した㈱共同通信社に感謝を申し上げたい。

公益財団法人 新聞通信調査会 概要

名称	公益財団法人 新聞通信調査会
英文名称	Japan Press Research Institute
設立年月日	1947年12月15日
公益法人移行	2009年12月24日
理事長	西沢 豊
役員等	理事14名(うち常勤2名)、監事2名(非常勤)、評議員22名
所在地	〒100—0011　東京都千代田区内幸町2—2—1(日本プレスセンタービル1階)

組織図　2018年7月1日現在

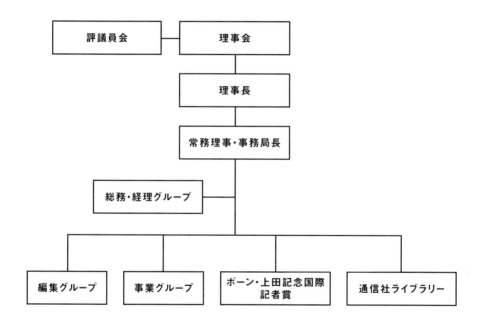

事業内容

調査・研究

毎年、全国の18歳以上の5000人を対象にメディアに対する信頼度などを調べる「メディアに関する全国世論調査」と、米英仏中韓タイの6カ国の国民を対象に日本に対する関心度やメディアへの信頼度を調べる「諸外国における対日メディア世論調査」を実施している。

講演会

政治、経済、社会、国際分野の話題のテーマについて現役記者やデスク、編集委員らが背景などを解説する講演会を毎月開催。作家、専門家らを講師に招く特別講演会も年2回実施している。

シンポジウム

メディア界の課題をテーマに毎年開催している。2017年11月には「ポピュリズム政治にどう向き合うか〜メディアの在り方を考える」をテーマに千代田区内幸町のプレスセンターホールで開いた。

写真展

「定点観測者としての通信社」シリーズの写真展を毎年開催している。2018年3月には東京・有楽町の国際フォーラムで「南極観測60年」を開催。

会報・書籍の刊行

メディアを取り巻く課題などをメディア研究者やジャーナリストらが分析、論評する記事を掲載する会報「メディア展望」を毎月発行。メディア関係書籍も随時刊行している。

出版補助

メディア関係の研究論文を執筆した研究者らが書籍として出版するための経費を助成する事業を実施している。

ボーン・上田賞

国際報道部門で優れた業績を残した記者を表彰する年次賞「ボーン・上田記念国際記者賞」の選考、管理、運営業務を担当。

通信社ライブラリー

メディア関連、特に戦前の同盟通信社や現在の共同通信、時事通信関連の資料、書籍を所蔵する専門図書館。蔵書は約8500冊、資料は約2000点（2018年4月）。入場無料。一般に開放している。

沿革

旧同盟通信社本社

旧同盟通信社最後の編集局

1945年	同盟通信社解散。共同通信社と時事通信社が発足
1947年	同盟通信社解散に伴う清算事務完了後、残された資産などを基に財団法人通信社史刊行会として発足
1958年	「通信社史」刊行
1960年	財団法人新聞通信調査会と改称
1963年	「新聞通信調査会報」（現「メディア展望」）の発行開始
1976年	月例の定例講演会を開始
2008年	「メディアに関する全国世論調査」を開始
2009年	公益財団法人に移行
2010年	通信社ライブラリー開館
2012年	「定点観測者としての通信社」シリーズの写真展を開始
2013年	ボーン・上田記念国際記者賞の管理・運営業務開始
	シンポジウム「日中関係の針路とメディアの役割」を開催。シンポジウムはその後毎年開催
2015年	出版補助事業を開始
2017年	「挑戦する世界の通信社」刊行

新聞通信調査会　出版本

書名	著者	出版年
通信社史	通信社史刊行会編	1958
障壁を破る　AP組合主義でロイターのヘゲモニーを打破	ケント・クーパー	1967
古野伊之助	古野伊之助伝記編集委員会	1970
国際報道と新聞	R・W・デズモンド	1983
国際報道の危機　上下	ジム・リクスタット共編	1983
アメリカの新聞倫理	ジョン・L・ハルテン	1984
国際報道の裏表	ジョナサン・フェンビー	1988
さらばフリート街	トニー・グレー	1991
放送界この20年　上下	大森幸男	1994
IT時代の報道著作権	中山信弘監修	2004
新聞の未来を展望する	面谷信監修	2006
在日外国特派員	チャールズ・ポメロイ総合編集	2007
岐路に立つ通信社		2009
新聞通信調査会報　CD-ROM（1963～2007年）		2009
日本発国際ニュースに関する研究	有山輝雄ほか	2009
ブレーキング・ニュース	AP通信社編	2011
関東大震災と東京の復興	新聞通信調査会編	2012
メディア環境の変化と国際報道	藤田博司ほか	2012
大震災・原発とメディアの役割		2013
日本からの情報発信	有山輝雄ほか	2013
東京の半世紀	新聞通信調査会編	2013
写真でつづる戦後日本史	新聞通信調査会編	2014
日中関係の針路とメディアの役割	新聞通信調査会編	2014
ジャーナリズムの規範と倫理	藤田博司・我孫子和夫	2014
2020東京五輪へ	新聞通信調査会編	2014

書名	著者	出版年
ジャーナリズムよ	藤田博司	2014
戦後70年	新聞通信調査会編	2015
子どもたちの戦後70年	新聞通信調査会編	2015
広がる格差とメディアの責務	新聞通信調査会編	2016
報道写真が伝えた100年	新聞通信調査会編	2016
コレクティヴ・ジャーナリズム	章蓉	2017
プライバシー保護とメディアの在り方	新聞通信調査会編	2017
憲法と生きた戦後	新聞通信調査会編	2017
挑戦する世界の通信社	「世界の通信社研究会」編	2017
ポピュリズム政治にどう向き合うか	新聞通信調査会編	2018
南極観測60年	新聞通信調査会編	2018
松方三郎とその時代	田邊純	2018
NPOメディアが切り開くジャーナリズム	立岩陽一郎	2018

新聞通信調査会シリーズ（小冊子）

書名	著者	出版年
通信社の話	通信社史刊行会	1953
新聞組合主義の通信社のありかた	通信社史刊行会	1959
日本の新聞界と外国通信社	福岡誠一	1960
通信衛星の現状と将来	岸本康	1962
日本通信社小史（A short History of the News Agency in Japan）	古野伊之助	1963
世界の通信社	ユネスコ編	1964
アジア通信網の確立	吉田哲次郎	1968
物語・通信社史	岩永信吉	1974
新聞の名誉棄損　上下	日本新聞協会調査資料室編	1974
STORY OF JAPANESE NEWS AGENCIES	岩永信吉	1980

シンポジウム
人口急減社会で何が起きるのか
──メディア報道の在り方を考える──

発行日　　2018年10月1日　初版第1刷発行

発行人　　西沢　豊
編集人　　倉沢章夫
発行所　　公益財団法人 新聞通信調査会
　　　　　〒100-0011
　　　　　東京都千代田区内幸町2-2-1　日本プレスセンター1階
　　　　　TEL　03-3593-1081（代表）　FAX　03-3593-1282
　　　　　URL　http://www.chosakai.gr.jp/

装丁　　　野津明子（böna）
写真　　　河野隆行（口絵、本文）、共同通信社（裏表紙、本文）
編集協力　株式会社共同通信社
印刷・製本　株式会社太平印刷社

・乱丁、落丁本は小社までお送りください。送料小社負担でお取り換えいたします。
・本書の無断転載・複写は、著作権法上禁じられています。本書のスキャン、デジタル化など
　の無断転載もこれに準じます。

ISBN978-4-907087-33-3
Ⓒ 公益財団法人 新聞通信調査会 2018 Printed in Japan